KB075496

우리 시대,
인문학의 쓸모

우리 시대,

나의
대학
사용법

인문학의 쓸모

정현백 지음

창비

이 책은 2017년 2월 4일, 출판사 창비가 마련한 겨울 방학 특강 '대학 사용 설명서'에서 진행한 강연을 정리한 것이다. 당시 고등학생, 대학생 그리고 학부모를 위해 준비된 특강을 수락한 이유는 고도 성장기와 민주화 운동 시대를 살아온 세대로서 이제 막 대학 진학을 준비하거나 대학 재학 중인 청년 그리고 자녀의 대학 진학으로 고민이 넘칠 학부모를 향해 '말 걸기'를 시도하고 싶었기 때문이다. 그러나 걱정이 앞섰다. 과연 젊은 세대가 나의 이야기를 경청하려 할까? 그들은 공감할 수 있을까?

이런 염려에도 불구하고 강연을 책으로 출간하자는 출판사의 제안에 선뜻 응한 것은 내 이야기를 들은 참석자들의 반응이 호의적이었기 때문이다. 이들의 많은 질문과 활발한 토론에 힘을 얻어 책을 내게 되었다.

지금 우리 사회는 급격한 변화 속에 있다. 지구화, 4차 산업 혁명, 소득 불평등 심화 등이 일어나는 중이다. 물질 문명의 변화에 못지않게 사회적 가치나 의식도 급격하게 변화하고 있다. 경제 민주화, 성 평등, 낙태, 남북 화해, 난민 문제 등에 이르기까지 논란이 많은 사회 현상 저변에서는 기존의 가치와 새로운 가치가 충돌하고 있다. 이를 둘러싼 토론을 통해 사회적 합의를 도출함으로써 무너져 내린 '사회적 신뢰'를 회복하는 것은 우리 모두의 시급한 과제이다.

세대 간의 간극이 넓어지고 몰이해가 심화되다 보니, 차이를 인정하면서도 세대를 넘나드는 공감의 공간이 절실해졌다. 우리가 살아갈 10년, 20년 후의 미래는 우리 모두의 세상이어야 하기 때문이다. 이 책을 통해 젊은 세대들이 왜 대학에 가야 하는지, 가서 무얼 해야 하는지 생각하면서, 인문학적 삶의 의미를 성찰할 수 있기를 기대한다. 우리 모두에게 의미 있는 세상을 만들기 위해서.

2018년 가을

정현백

차
례

1
시민,
대학,
책임감

지식인의 빛,
시민의 책임

안녕하세요? 이 자리
에는 학생들도 많고 학부모들도 계시는군요. 저는 강의
요청을 받아 이 자리에 왔으니 우선 제가 먼저 강의를 하
고 나서 여러분께 질문을 받으려고 합니다. 하지만 제 이
야기 중간에라도 '나는 다르게 생각한다.' '그건 잘 모르
겠다.' 하는 것이 있으면 서슴지 말고 말씀해 주세요. 제
이야기를 끊고 질문하셔도 좋고, 그 말씀이 토론으로 이
어져도 좋습니다. 그래야 여러분도 덜 지루하고, 강의도
좀 더 역동적으로 진행될 것 같습니다.

먼저 저를 소개해 드리면, 저는 서울대에서 석사까지 하고 독일 유학을 다녀왔습니다. 그 후 성균관대학교 사학과에서 학생들을 가르치고 있는데, 교수 노릇하면서 시민운동도 아주 열심히 했어요. 저는 2006년까지 6년간 진보적 여성 운동 단체들의 연합 조직인 한국여성단체연합의 공동 대표를 지냈습니다. 이 기간 동안 한국여성단체연합은 다른 단체들과 함께 한국 여성 운동 60년간의 숙원이었던 두 가지 목표를 이루었어요. 2005년에 '성매매 방지법'을 제정했고 2006년에 호주제를 폐지했지요. 이에 대해 저는 큰 자부심을 느끼고 있습니다. 그리고 2016년까지, 많이 알려진 시민 단체 중 하나인 참여연대의 공동 대표도 6년간 맡았습니다.

또 서울시와 함께 '협치 학교'를 만들어서 협치, 즉 정부의 행정에 시민이 참여하면 어떻게 달라질 수 있는가를 다양한 방식으로 실험했습니다. 시민과 정부가 협치를 잘하려면 먼저 협치의 목표와 의미, 달성 프로세스를 잘 알아야 해요.

특히 공무원들이 협치의 필요성과 효과를 잘 이해해

야 하고 시민들 사이에서도 협치에 대한 공감대를 넓혀 가야 해요. 그래서 협치 학교가 필요합니다.

저는 이렇게 시민 사회 활동을 많이 해 왔습니다. 제 월급의 상당 부분을 시민 단체 후원금으로 냈어요. 그러니 저는 책상에서 연구만 하는 평범한 교수는 아니에요.

이렇게 살려면 굉장히 고달픕니다. 대학도 요즘 경쟁이 심해져서 연구를 아주 많이 해야 하거든요. 특히 제가 몸담고 있는 성균관대학교는 외부로부터 재정 지원을 받는 연구 프로젝트를 많이 하고 있습니다. 그래서 저는 주말마다 학교에 나와서 밤늦게까지 연구했어요. 그런 날이면 가끔 저녁에 침대에 누워 천장을 보면서 '내가 왜 이러고 살지? 미쳤지, 미쳤어.' 하면서 툴툴거리곤 합니다. 그러면서도 계속 그렇게 살았어요. 연구도 중요하지만, 시민운동과 시민 사회의 발전 없이는 우리 사회가 좋아질 수 없다고 생각했기 때문입니다.

우리가
보낸 시절

　제가 왜 이렇게 고달프게 살까 생각해 보면 여기에는 긴 역사가 있습니다. 저는 1971년에 대학에 입학했는데 그때 당시 우리 사회에서는 학생 운동이 치열했어요. 사학과는 학생들이 절반도 졸업을 못 했지요. 많은 선후배가 시위에 참여했다는 이유로 학교에서 제적당해 쫓겨나고, 교도소를 가거나 군대에 강제 징집되는 시절이었어요. 그렇게 끌려간 친구들은 엄청난 탄압을 견디어 내야 했습니다. 그중에는 의문사를 당한 친구도 있지요.

　지금도 5월이 되면, 제가 재직하고 있는 성균관대 사학과의 학생회에서는 강제 징집되었다가 의문의 죽음을 당한 이윤성 열사 추모제를 엽니다. 교정에 있는 조그마한 추모비 앞에 이윤성 열사의 동기와 후배 들이 모여 어두운 시절을 기억하면서, 암흑의 시대를 넘어 민주주의를 더 잘 지켜야 한다고 다짐한답니다. 외아들을 잃은 열사의 부모님은 이 나라가 싫다고 이민을 갔습니다. 그런 열사를 우리라도 기억해야겠다는 학생들의 갸륵한 생각이 이 기억의 행사를 이어 오고 있습니다.

대학 시절에 저 역시 친구들과 같이 학생 운동 속에 있었습니다. 하지만 대학원을 졸업한 후 저는 운동에서 멀어졌습니다. 비판 의식을 지니고 사회 운동에 참여한 젊은이들에게 주는 독일의 에큐메니칼재단 장학금을 받아서 유학을 가게 되었거든요. 많은 동료가 감옥에 갈 때, 저는 유학 가서 (상대적으로) 안정되고 편안한 생활을 했지요. 그 때문에 유학 생활 내내 동료들에 대한 빚을 갚아야 한다는 생각으로 괴로웠어요.

제가 30년 넘게 시민운동을 열심히 한 것은 '지식인의 빚 갚기' 행동이라 할 수 있습니다. 유학 시절에, 당시 한국에 있던 가장 친한 교사 친구가 운동을 하다가 임신 상태로 구속되었던 일은 제 마음속에 늘 미안함과 자책감으로 남아 있지요.

그런데 세상이 참 아이러니해요. 저는 지금도 열심히 빚을 갚고 있는데 제 대학 동기 중에는 자기 안위만을 위해 출세의 길을 더욱 열심히 가는 사람들도 있어요. 그런 사람들 소식을 들으면 분개할 때가 많아요. 우리가 보낸 시절이 어떤 시절인데요! 세상이 이렇게 모순투성이지만, 저는 여전히 지식인은 빚을 갚아야 한다는 생각으로 살고 있습니다.

그런데 제가 갚아야 할 '빚'이란 민주화 운동으로 희생되거나 고통을 당한 사람들만을 향한 것은 아닙니다. 그냥 이 땅에 사는 보통 사람들에 대한 마음의 빚 같은 것이지요. 서울대를 나온 저는 이미 많은 불공평한 특혜를 받은 사람입니다. 제 대학 시절인 1970년대 초에 그토록 민주화 운동과 학생 운동이 치열했지만, 사실 대학 진학률은 8%에 불과했습니다. 거기에 저와 제 친구들은 이른바 명문대라 불리는 곳을 다녔으니, 그 8% 중에서도 더욱 소수라 할 수 있습니다. 그러니 우리는 특혜를 많이 누린 사람들입니다.

물론 당시에는 제가 특권을 누리고 있다는 것을 자각하지 못했어요. 저는 중고생을 가르치는 아르바이트로 학비를 벌면서 대학을 다녔던 터라, 경제적 걱정 없이 대학 생활을 하는 부유한 집 친구들이 부러웠거든요. 그러나 지나고 보니 제가 받은 특혜는 엄청난 것이었어요.

명문대 출신은 취업이나 결혼 등에서 특혜를 누릴 뿐 아니라 사회의 어느 곳에서나 선망의 대상이 됩니다. 또 동창 같은 네트워크를 통해서 여러 유리한 정보를 얻을 수도 있죠. 이렇게 특권을 누리고 사는 지식인들은, 자신들이 과도하게 받은 특혜나 이득을 자각하고 사회에 대한 책임감을 느끼면서 그 빚을 갚아 나가야 해요.

이런 생각은 저 혼자만의 것이 아닙니다. 여기에는 오랜 역사가 있어요. 멀리는 러시아 혁명기에 활동했던, '나로드니키'라고 불리는 인민주의자들로 거슬러 올라갈 수 있겠지요. 당시 러시아에서 인문계 고등학교 이상을 진학하는 것은 대체로 귀족이나 부르주아 가문 출신이어야 가능했어요. 러시아 지식인들은 민중의 고통스러운 현실을 접한 뒤 충격을 받고는 특혜받은 삶을 부끄러워하며, '인민 속으로'를 표방하고 농민 속으로 들어갔습니다.

그리고 러시아 농민의 의식 발전이 너무 더디자, 이 지식인들은 테러를 통해 러시아의 폭압적인 전제 정치를 끝내려 하기도 했죠. 실제로 1881년에 부유한 귀족이

자 고관의 딸인 소피아 페롭스카야(Sophia Perovskaia)는 책보 속에 폭탄을 숨겼다가 던져서 당시 제정 러시아의 황제였던 알렉산드르 2세를 암살했지요. 불의에 찬 권력자에 저항하는 이런 일련의 행동들이 바로 빚 갚기 행위라고 할 수 있어요.(김학준, 176면)

러시아 인민주의자들의 활동은 일제 강점기에 우리 젊은이들에게도 깊은 영향을 주었습니다. 우리 지식인들도 농촌 계몽 운동과 농민의 의식화 활동을 활발히 펼쳤지요. 심훈의 소설 『상록수』의 주인공 최용신이 바로 그 상징적인 인물이에요. 이들이나 현대의 민주화 운동가와 같은 대단한 자기희생까지는 아니더라도, 우리 사회 지식인이라면 누구나 약자에 대한 배려심을 가져야 해요. 최소한 '현실에 대한 정확한 이해'라는, 시민으로서의 책임을 무겁게 생각해야 합니다. 하지만 그러지 못한 현실이 참 안타깝습니다.

알아야 할
책임

'알아야 할 책임'은 비단 지식인뿐만 아니라 시민의 중요한 책임 중 하나입니다.

이 점에 있어 한 가지 생각해 볼 것이 있습니다. 민주주의에서 우리는 아직 권리를 찾는 데에만 목소리를 높이고 있어요. "내 인권이 이렇게 무시됐어. 더 이상 참지 않겠어. 내 권리 내놔." 대부분의 사람들이 이렇게 기본권을 중심으로 민주주의를 생각해요. 여태까지 기본권이 너무 짓밟혀 온 탓이지요. 최근 힘 있고 돈 있는 자들이 저지르는 '갑질' 행위에 대해 시민들의 감수성과 비판 의식이 높아졌는데 이 역시 그런 권리 의식을 보여 주는 것이라고 할 수 있습니다.

그런데 시민 의식에서 권리만큼 중요한 것이 책임입니다. 우리 사회에서는 이 책임에 대한 자각은 높지 않아요. 아직 우리는 권리를 이야기하는 단계에 있어요.

저는 2016년에 서울시와 함께 민주 시민 교육을 위

한 여러 프로젝트를 했어요. 한번은 우리보다 앞서 이 교육을 활성화한 노르웨이와 뉴질랜드의 전문가를 초청했습니다. 그런데 이분들은 민주 시민 교육에 있어서 가장 먼저 시민적 책임(sense of responsibility)을 강조하시더군요. 그 말씀이 무척 인상적이었습니다. 특히 세 가지 책임을 언급했는데, 바로 투표의 책임(responsibility to vote), 참여의 책임(responsibility to participate), 알아야 할 책임(responsibility to stay informed)입니다. 투표의 책임을 가장 먼저 강조한 덕분인지, 노르웨이는 유권자의 70% 이상이 투표에 참여한대요. 민주주의를 하려면 일단 선거를 잘 치러야 하지요.

그다음으로는 참여를 통해서 사회를 바꾸려는 노력이 필요합니다. 두 번째인 참여의 책임이 그것이지요. 매우 자랑스럽게도 우리의 촛불 시민들은 이미 참여의 책임을 다하는 모습으로 전 세계를 감동시킨 적이 있지요. 지난 2017년 10월에 독일 사회민주당의 프리드리히에베르트재단은 한국의 촛불 참여 시민들에게 '에베르트인권상'을 수여하기도 했어요. 1,000만 명이 넘는 시민이 상을 받은 것은 아마 유례없는 사건일 겁니다.

시민적 책임 중 마지막 세 번째가 저는 가장 흥미로웠어요. 바로 알아야 할 책임입니다. 촛불 시위가 진행 중일 때, 일부 시민들은 박원순 서울 시장과 당시 문재인 대통령 후보가 일당 5만 원씩 주어서, 사람들을 촛불 광장으로 동원했다는 낭설을 퍼뜨렸지요. 그것을 퍼뜨리는 사람이나 믿는 사람이나, 민주 시민의 기본인 알아야 할 책임을 다하지 않은 사람이에요. 한 번만 광장에 나와 보면 시민들이 얼마나 자발적으로 촛불 집회에 나오는지 알 것 아닙니까?

산술적으로 계산만 해 봐도 일인당 5만 원씩 주고 1,000만 명 이상의 사람을 동원하는 것은 불가능해요. 도대체 누구에게 그런 천문학적인 돈이 있어서, 어떻게 나누어 주었다는 걸까요? 현실적으로 도저히 불가능한 일이지요. 저는 촛불 집회에 대해서 시민들이 각기 다른 정치적 입장을 가질 수 있다고 생각합니다. 그러나 앞의 주장은 사실 관계가 틀렸어요. 흔히 말하는 '팩트 체크'가 되지 않은 것입니다.

그런데도 이런 이야기가 아무렇지 않게 떠돌고, 우리 사회의 지식인이라는 이들조차 조금도 의심하지 않고 믿더군요. 민주 시민의 알아야 할 책임을 스스로 내버리는 심각한 현실이에요. 이런 이야기들을 접하면서 저는 정말 낙담했습니다.

현실을 객관적으로 이해하는 것은 민주 시민의 기본적인 책임입니다. 민주주의가 이렇게 훼손됐다는 것을 인식할 수 있는 것, 이 위기를 인식하는 능력을 기르는 것이 바로 시민의 책임입니다. 그런데 많은 시민 사이에서 거짓 정보가 아무 거리낌 없이 유통되는 것을 보면서, 우리의 미래가 염려되었습니다. 그래서 저는 민주주의와 시민이라는 측면에서 대학을 이야기하고, 인문학을 이야기하려 합니다.

대학은
담론의 공간

대학은 어떤 공간일까요? 독일 사상가인 막스 베버는 대학을 "여러 신들의 투기장"이라고 했어요. 각기 다른 교리나 종파, 사상, 이념, 학문, 방법론이 실험되고 대립하면서도 서로 존중하는 것, 이것이 대학의 독자적인 자유라는 뜻이지요. 이는 유럽에서 대학이라는 것이 처음 생겨날 때부터 만들어진 개념이기도 합니다. 그 배경에는 진리를 사랑하는 마음이 들어 있지요.

그 흔적은 지금 미국의 하버드대학에도 남아 있어요.

하버드대학은 미국 최초의 대학입니다. 1636년에 창립됐는데, 창립 시에 하버드대학이 청교도 교회로부터 인가를 받을 때 쓴 유명한 말이 있어요.

> "이 나라의 영국계 및 인디언 청년에게 모든 훌륭한 문학, 예술, 과학의 현상과 지식 그리고 신앙을 가르친다."(이광주, 26~27면)

과감하게도 '인디언' 청년까지 언급하고 있지요. 물론 역사적으로 보면 권력을 쥔 백인들이 원주민을 몰아내고 목숨을 빼앗았으면서도 한편으로는 이런 말을 한다는 것이 어불성설처럼 느껴지지요. 비록 초기에는 다소 형식적이었을지라도 대학이 추구하는 이상은 이러했습니다. 미국에는 지금도 이런 원론적인 가치를 강조하고 따르는 엘리트 집단이 존재합니다. 오늘날 미국 사회가 빈부나 계급 격차가 극심한데도 불구하고, 저력을 갖고 버틸 수 있는 이유 중 하나가 아닐까 합니다.

하버드대학 정문의 표지석에는 이런 글귀도 있어요.

"학문을 성대히 후세에 전할 것이며 무식한 성직 자를 교회에 넘겨서는 안 된다." (이광주, 27면)

이를 보면 이들이 얼마나 지식을 중요시했는지 알 수 있지요. 흥미로운 점은 기독교 성직자에게도 학문에 대한 진지함과 열정을 요구했다는 것이에요. 이는 유럽도 마찬가지입니다.

제가 유학했던 독일만 보아도, 독일 유명 대학들의 학과 명단에서 가장 선두에 있는 것은 신학부입니다. 그만큼 신학이 중요하고 대표적인 학부로 간주되지요. 신학부를 졸업하는 과정은 굉장히 까다로워요. 그 어렵다는 라틴어 공부도 필수로 해야 하지요. 수많은 신학 대학이 난립하는 우리 현실과는 큰 차이가 있지요. 또한 신학자들은 인문학이나 사회 과학 분야의 학자들과도 활발하게 소통하고 토론을 벌입니다. 인문학과 사회 과학의 소양을 갖춘다면 종교계가 시민 정신을 공유하면서, 쉽게 정치화되거나 이해 집단으로 바뀌지 않을 수 있겠지요.

신학부까지 포괄해 자유롭게 토론이 이루어지는, 대학의 건강한 지적 전통은 서구에서는 꽤 오래전부터 형성되었습니다. 대학의 역사를 보면, 서구에서 중세 대학은 학생과 교수의 조합이었어요. 협동조합, 즉 교수와 학생의 공동체로 시작되었는데 이때부터 대학에서는 토론과 담론의 학풍을 아주 중요시했어요. 특히 토론이 굉장히 중요해서 대학 도시의 중앙 광장에서 공개 토론이 열리곤 했습니다. 때로는 교회 문제나 현실 정치 문제도 토론 주제로 등장했죠.

담론은 어떻게
형성될까?

그런데 담론이란 건 무엇일까요? 영어로는 디스코스(discourse)인데, 이 단어가 갖고 있는 개념과 맥락이 있어요. 그것을 이해하려면 먼저 언어의 역할을 다시 생각해봐야 합니다.

우리는 흔히 언어를 의사소통의 수단이라고만 생각

하지요. 하지만 언어는 온갖 의미와 해석이 같이 전달되는 수단이기도 해요. 예컨대 아이가 태어나면 보통 제일 먼저 배우는 말이 '엄마'지요? 그런데 아이가 엄마라는 말을 배울 때는 그 말뿐만이 아니라 여러 통념을 같이 배웁니다. 예컨대 가부장제 사회라면 '엄마는 집에서 가사를 돌본다.' '아빠는 밖에서 돈을 벌어 온다.' 등의 사회적 통념들을 같이 익혀요. 그 통념들은 어린아이의 의식 속에 자리 잡으면서 이후 아이의 사고를 지배하겠지요. 그래서 가부장적인 사회에서 자라는 아이들은 가부장적인 가치관을 언어를 통해 내면화합니다. 그런 의미에서 보면 언어는 의사 전달 수단 이상의 것이지요.

이 언어를 통한 상호 소통 속에서 한 사회 내에는 일정한 합의가 만들어지곤 합니다. 그렇게 형성되는 합의를 담론이라고 할 수 있습니다. 조금 학문적으로 말하자면 '지적인 탐구나 사회적 관습이나 관행에서 통용되는 체계화된 말의 총체'로 담론을 정의할 수 있겠습니다.

정의만 보면 어려워 보이지만 실제로 그렇지는 않아요. 일례로 탄핵을 둘러싼 집회에서 담론이 형성되는 과정을 하나 살펴볼까요?

　지난 탄핵 관련 촛불 집회 때 1,000만 명 이상이 모였다고 하지요? 그 공간에서는 다양한 담론이 등장했습니다. 처음 집회를 시작할 때에는 박근혜 전 대통령이 저지른 비리에 대해 조사나 심판을 요구하는 정도였지요.

　그런데 중간에 '하야'라는 말이 나왔던 것 기억하시나요? '박근혜 대통령은 하야하라.'라는 식의 구호가 등장했습니다. 그 후 한동안 여기저기서 '하야'라는 단어가 들리는가 싶더니, 곧이어 그에 대한 비판적인 의견들이 제기되기 시작했어요. 하야는 스스로 물러나는 것을 뜻하는데 더 많은 정보와 판단이 쌓이면서 그 표현은 적절치 않다, '퇴진'으로 하자는 쪽으로 의견이 모이다가, 나중에는 '탄핵'이라는 구호를 한목소리로 외치게 되었지요. 1,000만 명 이상의 사람이 모인 공간에서 시민들의 생각이 바뀌어 가고, 소통이 계속되면서 일정한 합의와 개념 틀이 생겨난 겁니다. 그런 것이 바로 담론이에요.

　대학은 이런 담론을 형성하는 대표적인 공간입니다. 특히 우리나라에서 대학은 꽤 오랫동안 담론을 형성하는

공간으로서 제 역할을 해 왔어요. 민주화의 역사를 돌아
보면 그것을 알 수 있습니다.

대학에서 만들어지는
담론들

잘 알려진 영국 역사가 에릭 홉스봄은 서양의 근대는
이중 혁명의 과정을 통해 형성되었다고 설명합니다. 하나
는 산업(공업) 혁명이고, 다른 하나는 민주주의 혁명이지
요. 서구의 몇몇 선진국을 제외하고 지구상 대부분의 국
가에서 이중 혁명은 성공하지 못했습니다. 공업화에만 성
공해서 민주주의가 아직 미흡하거나 아니면 민주주의는
달성했지만 경제 성장에 실패해서 국민들의 삶이 궁핍하
기 짝이 없는 사례들이 대부분이죠. 이런 점에서 보자면
한국은 두 혁명 모두를 이룬, 참으로 예외적인 국가예요.

이런 귀중한 역사적 성과를 거두는 데에 많은 시민이
중요한 역할을 해 왔어요. 한편에는 산업화와 경제 성장
이라는, '총을 들지 않은 전쟁'을 치열하게 견디어 낸 노

동자와 기업가가 있다면, 다른 한편에는 오롯이 민주주의 혁명을 이끌어 낸 시민들이 있지요. 이들은 민주화 운동을 불붙이고, 1987년 '6월 항쟁'을 통해 민주주의 혁명을 완성하는 역할을 했습니다.

이렇게 두 축으로 나누어 말하지만 그 두 축이 서로 별개인 것은 결코 아닙니다. 예컨대 전태일 열사와 같은 시민도 적지 않아요. 1970년 평화시장에서 자신의 몸을 불태워 노동자들의 열악한 현실을 알린 전태일 열사 같은 노동자들의 저항과 희생의 역사는 그 두 축을 서로 잇지요. 특히 1970~80년대에는 산업 공단 지역에서 여성 노동자들이 정당한 권리와 인권을 찾기 위한 운동을 크게 펼쳤지요. 이들은 정치적 자유 외에 정당한 노동의 권리를 주장하면서, 민주화 운동을 더욱 공고히 했습니다.

민주화의 긴 여정에서 대학생들의 역할도 빼놓을 수 없습니다. 대학 시절을 떠올리면 저는 참 우울한 기억이 많아요. 긴 시간 버스를 타고 고생스럽게 등교하고 있는데 거리에서 불현듯 신문팔이 소년들이 "호외요, 호외요."를 외치면서, 신문사가 발행한 호외들을 거리에 뿌립니다. 대개 '긴급 조치 ○호 발동, 모든 대학은 새벽 6시부터 휴교'와 같은 내용이 실려 있지요. 한 시간 반 이상을 걸려서 등교하던 길에 이런 호외를 보게 되면 참 낙담스러웠어요. 그래도 미련이 남아 학교에 가 보지만, (계엄령이 발동될 경우에는) 교문은 폐쇄되어 있고 그 앞에는 우람한 장갑차와 기관총을 든 계엄군이 험상궂게 버티고 있어요. 친구들이라도 만나려고 학교 앞 찻집에 들어가지만, 이미 계엄령은 3명 이상의 모임을 금지하고 있어서, 형사들이 군데군데 찻집의 자리를 차지하고 있었지요.

이런 공포 분위기 속에서도 한국의 대학은 많은 담론을 만들어 냈습니다. 민주주의의 중요성, 불법 체포 반대, 독재 정권의 부당함 등에 대해 수많은 말을 쏟아 냈지요. 시위 때마다 대학에서 발표되는 시국 선언문이나, 비판적인 교수와 지식인 들이 쓴 글들은 여러 사람에게 전파되었고, 이는 우리가 지향하는 민주주의 혁명의 정신과 방향을 결정하는 역할을 했습니다.

이런 지식인들의 저항 정신과 저항 언어는 처음에는 소수 지식인과 대학생의 전유물에 불과했지만, 1987년 6월 항쟁에 이르면 100만 명 이상의 시민이 참여하는 민주화의 물결로 발전하지요. 달리 말하면 대다수가 공유하는 담론을 형성하는 초기 역할을 대학이 한 것입니다.

그러나 지금은 상황이 많이 달라졌어요. 우선 대학은 더 이상 민주주의 발전이나 사회 개혁의 선두에 서지 못하고 있다는 비판이 나오고 있습니다. 아니, 이런 역할까지 요구하지 않는다 하더라도 한국의 대학이 인문학의 거대 담론에 대해 이야기해 본 지가 오래된 것 같아요. 세계화와 더불어 경쟁 체제가 가속화되면서 대학이 그저 양적 성장을 위해 경쟁하는 지식 전달자로 전락했다는 비판의 목소리가 들려옵니다. 지금 대학을 다니는 학생들, 그리고 앞으로 대학에 가게 될 학생들을 생각하면서 우리 대학의 현주소를 한번 돌아볼 필요가 있습니다.

2

대학은
지금 어떤
모습인가

우리 대학의
울퉁불퉁한 역사

성균관은 1398년에 처음 지어졌고 올해로 620년이 되었습니다. 성균관은 우리나라 최초의 대학으로, 서양 중세의 대학에 비견할 만한 기관이에요. 조선 왕조는 유교 사상을 연구하거나 교육하고, 이에 정통한 관료를 양성하기 위해서 성균관을 세웠지요. 1945년 해방 이후에 성균관은 근대적인 대학으로 전환해서 오늘에 이르고 있지요.

그런데 우리나라 최초의 대학을 꼽으라면, 성균관이 아니라 연희전문학교(연세대학교 전신)를 떠올리는 경우가 많아요. 연희전문은 미국 기독교 선교사인 언더우드가 세운 학교지요. 엄연한 우리의 고등 교육 기관인 성균관의 역사를 빼놓고 생각하는 겁니다. 우리 역사에 무지하거나 우리의 지식 전통을 그다지 존중하지 않는 데에서 나오는 생각이지요.

사실 해방 이후 우리의 전통 지식과 학문 체계는 제대로 존중되거나 계승되지 못했어요. 성균관과 서울대가 지나온 길만 보아도 그것을 알 수 있습니다. 서울대는 일본 식민지 시절 총독에 의해 건립되고, 해방 이후인 1946년 8월 22일 군목인 앤스테드(Harry B. Ansted) 대위가 1대 총장을 지낸 교육 기관이에요. (서울대가 공식적으로 국립 대학이 되는 것은 1946년 8월 22일부터이니 국립 서울대학교 초대 총장은 앤스테드인 셈입니다.) 그런데 일제 식민지 유산을 청산해야 할 해방 공간에서 서울대는 오히려 국립 대학으로 전환되지요. 이후 우리 사회의 권력 엘리트를 가장 많이 배출하고, 그래서 여전히 큰 영향력을 행사하는 대학이 됩니다.

반면 역사와 전통을 지킨 성균관은 사립 대학으로

전락하고 말아요. 이후 재정난에 허덕이던 성균관대는, 1990년대 후반에 들어와 대한민국의 대표적인 재벌인 삼성 그룹을 재단으로 영입합니다. 대학을 둘러싼 경쟁이 심해지던 시절에 내려진 결정이었지요. 이 두 대학만 보아도 우리 대학의 전통이나 지식의 정착 과정이 여러모로 굴절되고 단절되었다는 것, 때로 매우 모순적이라는 사실을 알 수 있습니다.

관악산에 올라가서 서울대 캠퍼스를 내려다보면, 저는 저절로 우리의 '해방 전후사'가 떠올라요. 해방 이후 지금까지 우리가 겪어 온 혼란상을 보여 주는 모사품이 눈앞에 펼쳐지는 느낌이 들어요. 서울대는 계속 관악산을 파서 건물을 짓고 있는데, 혼돈스럽고 원칙이 없거든요. 캠퍼스에 통일성이 없다고 할까요?

우리나라는 대기업들이 대학에 기부를 할 때 기업 이름을 붙인 독자적인 건물을 요구해요. 건물 설계에도 기부자의 요구가 크게 반영되지요. 그런 요청을 다 받아들이면서 짓다 보니 대학 캠퍼스의 균형이 깨어지고 말지요. 서울에 있는 유수한 대학들의 캠퍼스는 대체로 이런 상황입니다. 해외의 명문 대학들은 달라요. 기부금을 받더라도, 기부자의 희망 사항이 아니라 독자적인 대학 발전 계획에 따라 캠퍼스를 조성합니다.

사립대는 많고
국립대는 적고

우리 대학의 문제를 좀 더 들여다보겠습니다. 사실 우리 대학 중에는 처음 건립될 때부터 여러 문제를 안고 시작한 경우가 많습니다. 거슬러 올라가 보면 한국의 대학은 1953년에 국립 학교 설치령이, 1963년에 사립 학교 법이 만들어지면서부터 늘어났습니다.(조흥식, 14면) 해방 이후 취약한 재정 여건 속에서 정부는 손쉽게 사립 학교를 세울 수 있는 근거를 만들어 주었어요. 그리고 1950년에 농지 개혁이 실시되자, 재산 보존의 수단으로 많은 사립 대학이 생겨났습니다.(윤해동, 617면)

이 과정에서 교육 사업에 열정과 의지를 가진 인물보다는 손쉽게 학교를 세운 뒤 부동산을 통해 엄청난 재산을 축적하는 인사들이 도처에 나타났습니다. 최근까지 부실 경영과 재산 빼돌리기로 문제가 되고 있는 사립 대학 중에는 이런 배경 속에서 탄생한 경우가 많습니다. 식민지에서도 지역 유지들은 일제의 제국주의적 체제를 거부하고, 없는 돈을 모아서 민립 대학을 세웠는데, 그런 전통이 이어지지 못했지요.(김유경, 8면)

대학의 부실 경영과 교육 수준의 저하는 결국 고스란히 학생들의 부담으로 다가옵니다. 교육이 부실해도 학생들은 엄청나게 비싼 등록금을 내야 하고, 이는 사립 대학 재단주와 그 가족의 재산을 불리는 역할을 하는 경우가 적지 않아요.

국공립 대학이라도 많으면 조금 나을 텐데 한국은 전체 대학 중 사립대가 차지하는 비중이 매우 높아요. 우리나라는 국공립 대학의 비중이 30%에 불과합니다. 명문 사립 대학이 즐비한 미국도 국공립 대학의 비중은 60% 이상이니, 우리는 턱없이 부족하지요.(윤해동, 611면) 달리 말하면 우리나라는 '대학의 공공화와 고등 교육의 공공성'(천정환, 27면)이 부족해요. 국가가 고등 교육을 책임져 주지 않는 것입니다. 그간 우리 정부가 대학에 대한 관심이 부족했고 투자도 열악했다는 뜻이지요.(윤해동, 616면; 김유경, 9면)

게다가 한국에서 대학은 지난 40여 년 사이에 폭발적으로 증가했어요. 특히 1970년대 후반에서 1980년을 전후한 시기에, 그리고 1995년 김영삼 정권 아래에서 대학 설립이 자유화된 시점에 대학이 집중적으로 팽창합니다. 1980년대에는 경제가 급속히 성장하면서 인력 수요가 늘자 그 수요에 부응하고자 한 것이었어요. 그 결과 대학 진학률이 고등학교 졸업자의 80%를 넘는 현상이 나타났습니다. 그때부터 '대학생 버블'이 생기기 시작했지요. 이제 대학생은 넘치지만, 졸업 후 일자리가 부족합니다. 반면 기술이나 육체노동이 필요한 회사에서는 심각한 인력 부족을 겪고 있지요.

최근에는 대학 진학률이 조금씩 내려가고 있어요.(윤해동, 608면) 2010년 75.4%에서, 2016년에는 69.8%로 하락하고 있어요.(조흥식, 11면) 대학 진학 대상자의 절대적인 수 자체도 줄어들고 있습니다. 이건 그냥 자연적인 현상이에요. 출생률이 감소하면서 고등학교 졸업생이 지속적으로 줄어들어 나타난 현상이지요. 학령 인구가 적어지니 교육인적자원부는 구조 개혁 평가를 통해 대학 정원을 축소하고 있어요. 이제 경쟁력 없는 대학은 자연스레 퇴출될 겁니다.(조흥식, 11면)

대중화, 사유화, 상업화의 위기

최근 대학은 여러모로 위기를 맞이하고 있어요. 한편에서는 기업으로부터 교육의 질적 수준을 높이라는 요구가 쏟아지고 있고, 또 한편에서는 청년 실업이 만성화되고 있지요.

그 와중에 정부는 재정 지원을 조건으로 대학에 구조조정을 요구해요. 정부는 정부 나름대로 대학이 살아나려면, 대학에 상업화된 경쟁력을 도입할 필요가 있다고 생각해서 구조 조정에 박차를 가하는 것이죠. 대학들은 그야말로 치열한 경쟁의 한복판에 서 있습니다.

이전까지는 최고 교육 기관이자 지성의 전당으로서 대학은 위엄을 갖고 사회적 존경을 받아야 한다는 입장이 많았어요. 하지만 이제는 대학도 경쟁력을 갖추려면 시장 중심의 개혁을 해야 한다는 입장이 그와 팽팽히 맞서고 있지요. 이런 상황에서 지금 우리 대학들의 위기를 크게 세 가지로 압축할 수 있습니다. 대학 교육의 대중화, 대학의 상업화 그리고 사유화의 위기입니다.

먼저 대중화의 위기를 볼까요? 대학 교육이 대중화되는 것은 그 자체로 위기는 아니에요. 또 대학 진학률이 높아지는 것은 세계적인 추세이기도 합니다. 유럽도 2차 대전 전까지만 해도 대학 진학률이 10%가 될까 말까 했어요. 그러던 것이 1950~60년대에 들어서면서 크게 늘어나지요.

독일에 가끔 다니러 가면, 독일 교수들이 저에게 개탄하는 것이 있어요. 당신들이 젊을 때에 비해서 대학생들의 실력이 너무 부족하다는 거예요. 대부분 노교수들의 생각인데, 이분들은 그 이유가 대학생을 너무 많이 뽑기 때문이라고 생각해요. 입학 정원을 줄여야 한다고 주장하지요. 하지만 그런 독일에서도 고등학교 졸업생 중 대학 진학자 비율은 50% 정도에 불과해요. 우리는 거의 70~80%까지 대학에 가지요.

그렇게 대학에 많이 진학하는 이유는 모두가 잘 알지요. 대학에서 주는 학위증이 '신분'의 증표처럼 됐기 때문입니다. 어느 대학 출신이라는 것이 권력이 되었어요. 이는 곧 지식과 학문이 권력이 되었다는 뜻과 같지요. 더불어 학력에 따른 사회적 차별도 극심해졌습니다. 대학 교육이 대중화되었다고 해서 마냥 좋아할 수만은 없는 이유지요.

한편 대학의 상업화는 경쟁 때문에 심화되고 있어요. 사립 대학들 사이에서 과도하게 경쟁이 일어나면서 대학도 이윤을 남겨야 한다는 상업적인 발상이 대학을 지배하게 되었습니다. 특히 일간지들이 대학의 순위를 매기면서 수도권 대학과 지방 대학, 인기학과와 비인기학과 사이에 수직적인 서열화가 끝없이 진행되고 있습니다.(윤해동, 627면)

모 재벌이 인수한 서울의 한 대학에서는 기업이 필요

로 하는 인력을 양성하기 위해서 아예 기존 학문 편제를 바꾸었다고 하지요. 이 대학에서는 이제 인문학 분야의 교수를 거의 충원하지 않는다고 합니다.(윤해동, 613~614면)

대학의 상업화, 다른 말로 기업화 과정에서 나타나는 심각한 문제는 교양 교육이 위기에 처한다는 것이에요.(윤해동, 628면) 대학 평가의 압박이 심해지니까, 많은 대학이 연구 중심 대학을 내세우면서 우수한 학자를 초빙해서 연구 업적을 내고, 프로젝트를 통해서 정부나 기업의 지원을 더 많이 받는 것에 열중하고 있어요. 연구를 열심히 한다니까 얼핏 들으면 좋은 변화 같지요? 하지만 그러느라 학부 학생들의 기초 교육은 소외되고, 민주 시민을 양성하는 가치 중심의 교육이 제대로 이루어지지 않고 있습니다.

경쟁 체제는 대학의 사유화도 부추깁니다. 많은 사학 재단에서 대학 운영이 이사장 1인에 의해 좌우되지요. 각종 사학 비리도 나타나고 있습니다. 부정부패는 늘어나고 공공성은 약화되고 있어요. 대학이 마땅히 지녀야 할 가치나 해야 할 교육이 크게 약화되고 있는 겁니다.

이렇게 뭉뚱그려 이야기하면 우리 대학의 문제점이 눈에 잘 안 들어올 겁니다. 좀 더 구체적으로 하나하나 짚어 보겠습니다.

대학이 처한
네 가지 위기

문제 하나,
자치권을 잃고 획일화되다

우리 대학들은 대체로 재정이 취약하기 때문에 교육과 연구 환경이 낙후해요. '낙후'하다는 말을 믿기 어려우실 거예요. 요즘 대학에 가 보면 건물들의 외형이 참 멋지거든요. 전반적으로 캠퍼스가 깨끗해졌고 건물들이 화려해졌죠. 전산화도 잘 되어 있어요. 이제 강의실에서도 피피티(PPT) 등의 시청각 자료를 사용할 수 있으니까요. 대학 간에 경쟁이 심해지면서 환경은 좋아졌지요.

그러나 겉은 화려할지 몰라도 학생들을 위한 복지는 열악해요. 매일 부딪히는 현실 중 하나는 학교 식당의 밥값이 무척 비싸다는 겁니다. 독일에서는 대학 안에 있는 카페테리아나 식당에 가면 커피값이건 빵값이건 점심값이건 학생증을 가진 학생들은 무조건 절반만 내면 됩니다. 국가가 나머지 절반을 보조하거든요.

우리는 보조는커녕 대학에 대기업이 들어와서 건축비나 시설비를 대는 조건으로 밥값을 올리고 있어요. 저는 이런 부분에 대해 학생들도 발언해야 한다고 생각해요. 대학 내의 일상적인 정의에 대해 학생들의 감수성이 예민해야 합니다.

지금까지 대학에 대한 정부의 간섭은 때로는 지나치고 때로는 방만했어요. 지난 박근혜 정부 아래에서는 지나치게 과도했지요. 국립 대학의 총장 임명을 대통령이 좌지우지할 정도였지요. 국립 대학 총장 선거에서 교수를 포함한 대학 구성원들이 1, 2, 3순위를 뽑아서 추천해도 정부가 마음대로 임명을 해 버렸어요.

각 대학에서 이런 조치에 저항하다 보니 최근까지도 총장이 공석인 국립 대학이 여럿 있었어요. 중대한 사건이 일어나기도 했습니다. 대학이 국가 권력에 종속되는 것을 항의하는 과정에서 2015년 부산대학교 고현철 교수의 자살 사건이 일어나서 우리를 충격에 빠지게 했지요. 이에 문재인 정부가 들어선 뒤 국립대학교수연합회에서는 특검에 대학에 대한 자치권 침해를 수사해 줄 것을 요청하기도 했습니다.

사실 이런 현실은 봉건 영주가 지배하던 서양 중세의 대학보다도 못한 수준입니다. 서양의 중세에는 기독교가 전 사회를 전적으로 지배했고, 교황의 권력이 엄청났었지요. 하지만 그런 시대 속에서도 파리대학이 처음 생겼을 때 여러 특권과 함께 자치권이 부여되었어요. 대학이 스스로 모든 것을 결정하도록 했고, '강의 중지권'도 인정했어요. 강의 중지권은 일종의 파업권이에요. 교황이나 정부가 일을 잘 못하면 강의를 중지하는 것이니, 대학이 파업할 권리까지 인정해 준 셈이죠. 그 엄혹한 중세 기독교의 지배하에서도 누렸던 대학의 자치권을, 지금 우리나라 국립 대학들이 누리지 못하고 있어요.

공권력의 간섭 때문에 대학 모델이 획일화되는 문제도 있습니다. 교육부가 '코어 사업'을 지원할 테니 거기에 맞추라고 하면 모든 대학이 맞춰야 해요. 예를 들어 교육인적자원부가 만든 비케이21(BK21) 사업에 신청하려면, 학사 제도나 학과 시스템을 거기에 맞춰야 해요. 맞추지 못하면 탈락하거든요.

통과한다고 해서 거기서 끝나는 것도 아니에요. 프로젝트를 받은 뒤에는 교수들의 연구 업적을 3년마다 평가하는데 업적이 낮으면 프로젝트 비케이21을 받은 곳 중에서 30%가 탈락해요. 그 30%는 새로 신청한 곳 중에서 충원됩니다. 그러니 대학은 영원히 경쟁 속에 있어야 하죠. 요즘 교수들은 수시로 한국연구재단 홈페이지에 들어가서 경쟁 대학 교수들의 논문 편수를 세면서 살고 있어요. 이렇게 하면 논문 편수는 늘어나겠지만, 과연 연구가 질적으로도 향상될까요? 이에 대해 많은 대학 구성원이 회의적입니다. 과연 무엇이 대학의 발전인가에 대한 질문을 끊임없이 던지게 됩니다.

문제 둘,
지적 긴장의 부족

학교 안에도 문제는 있습니다. 여전히 가부장적인 연고주의가 남아 있어요. 교수를 뽑을 때 학과의 힘센 교수가 자신이 아끼는 제자 한 명을 밀어 넣으면, 다른 교수들은 꼼짝 못 하고 이를 받아들이죠. 후보자의 연구 업적이나 교수 능력 못지않게 동문 관계나 사제 관계, 특정 대학 출신, 동향인 등 다양한 인적 네트워크가 대학 인사에 작용하고 있지요.

최근 일부 대학에서는 이런 폐단을 막으려고 자구책을 마련했어요. 한 학과에 특정 대학 출신이 절반을 넘지 못하도록 하는 규정을 만들고 엄격히 지키려고 하고 있지요. 우리 사회를 좀먹는 연고주의의 고리를 깨려고 노력하는 것입니다. 실제로 이런 제도를 시행한 이후에는 교수들 사이에 인사를 둘러싼 갈등이 훨씬 줄어든 것 같아요.

이런 문제에서도 단적으로 알 수 있듯 우리 대학에는 엄격한 업적주의나 지적 긴장이 크게 부족해요. 이 말은 앞에서 드렸던, 여러 프로젝트 사업 때문에 논문 편수를 세며 살아야 한다는 말과 모순되어 보일 거예요. 그런데 이 역시 사실입니다. 논문 편수를 늘리는 것도 엄청난 긴장을 필요로 하지요. 하지만 논문 편수 못지않게 연구의 질적 향상에 대한 고민과 객관적 평가 기준이 필요한데 그런 면은 부족해요.

대학의 교수 충원 방식만 보아도 그렇습니다. 미국 유명 대학의 경우, 한 대학에 조교수로 들어왔다가 정교수로 올라가는 사람이 약 절반 정도입니다. 그럼 남은 절반은? 그 사람들은 실력을 더 쌓아서 다른 학교에 자리 잡을 수 있어요. 그 과정에서 공정한 경쟁이 이루어지지요. 그러나 우리 사회에서는 일단 조교수로 대학에 들어온 연구자를 재임용에서 탈락시키면, 그 연구자는 실력 없는 사람처럼 인식되어서 다른 대학에서도 자리 잡기가 무척 어려워집니다. 그러니 대학에서도 엄격한 업적 심사를 해서 실력 없는 교수를 내보내기 어렵죠. 저부터도 반성해야 합니다. 저도 이런 현실에 크게 저항하지 못했으니까요.

연구에 대한 객관적인 평가가 부족하고 연고주의가 작용하다 보니, 실력 있는 연구자가 대학에 자리 잡기가 쉽지 않은 것도 현실입니다. 이런 상황에서는 좋은 학문적 성과가 나오기 어려워요. 이에 대한 문제의식이 많이 공유되면서 최근에는 조금씩 상황이 개선되고 있지만, 그 속도는 느린 것 같습니다.

또한 세계화의 위협도 대학의 지적 긴장감을 흐트려 놓습니다. 많은 대학에서 연구자들이 해외의 유명 저널에 논문을 몇 편 발표했는지 통계를 내서 점수화해요. 그것이 세계 대학 평가에서 중요한 근거가 되거든요. 그래서 모든 교수는 학교에 임명될 때 의무적으로 AHCI, SSCI, SCI 같은 세계적으로 인정받는 학술지에 논문을 실어야 해요. 문제는 그 학술지들이 대부분 영어권에서 발행된다는 겁니다. 독일어권이나 프랑스어권, 스페인어권, 중국어권의 저널에 실린 논문은 거의 인정받지 못해요. 연구자라면 누구나 미국 중심의 학문 체계에 편입해야 하는 겁니다.

　다른 분야는 차치하고라도 한국 철학이나 한국 문학, 한국의 역사에 관한 연구 논문을 그런 저널에 실어서 심사받는다는 건 문제가 있지 않을까요? 허울 좋은 세계화의 추세 속에서 민족 문화에 기반을 둔 학문들은 축소 위기에 처해 있습니다.

문제 셋,
미흡한 교양 교육

　대학의 여러 문제 중에서도 가장 심각한 점은 교양 교육이 부실하다는 겁니다. 사람들이 점점 실용적인 것을 추구하니 세계 어디나 비슷한 상황일 것 같지만 결코 그렇지 않아요. 오히려 그 반대입니다.

　미국의 큰 대학들을 보면 교양 교육을 굉장히 강조해요. 하버드대학의 경우 1학년 때는 필수 교양 과목을, 2학년 때는 선택 교양 과목을 공부하고, 3, 4학년이 되어서야 전문 분야로 들어갑니다.

교양 교육을 강조하는 것은 유럽 대학의 오랜 전통이기도 합니다. 13세기에 중세 대학이 처음 생길 때 제일 먼저 생긴 과목이 바로 학예학부(liberal arts)예요. 이 학예학부는 문법, 수사학, 논리학, 산수, 기하학, 음악, 천문학으로 구성되었고, 이런 과목을 공부해서 학문과 교양을 갖춘 사람을 자유인이라고 불렀어요. 학예학부는 우리로 치면 교양학부라고 할 수 있어요.

이런 유럽 대학의 전통이 미국 대학으로 옮겨 왔고, 미국은 지금까지도 그 전통을 유지하고 있어요. 하버드를 비롯해 이른바 아이비리그라 불리는 9개 명문 대학은 교양 중심으로 학생을 지도하는 학풍을 가지고 있어요. 인문학, 사회 과학, 자연 과학이 삼위일체를 이루게 해서 비판 정신과 독창성을 기르는, 담론 중심의 학풍을 갖고 있지요. 이런 학풍이 미국 대학들을 세계적인 명문 대학으로 만드는 데 크게 기여하고 있다고 봅니다.

현대 사회에서는 통섭과 학제 간 융합이 특히 중요해요. 통섭이란 다양한 요소들을 결합하는 거죠. 학제성이란 여러 분과 학문의 연구를 통합적으로 접근하는 거고요. 이를 통해 학생들이 종합적인 지적 전망을 갖추게 하는 겁니다. 교양 교육 중심의 대학들은 이런 추세와도 잘 어울리지요.

통섭의 대표적인 사례를 하나 들어 볼까요? 역사학계에서 인정받는 저술의 하나가 프랑스 아날학파의 거두 페르낭 브로델이 쓴 『지중해 — 펠리페 2세 시대의 지중해 세계』라는 책이에요. 이 책에서 브로델은 유럽의 중세천 년 동안에 토양과 기후의 변화가 인간의 역사를 어떻게 바꾸었는가를 연구했습니다.

그전까지 사람들은 역사란 인간의 활동을 수록한 것이라 생각했어요. 그런데 브로델은 정작 역사학 공부는 옆으로 밀쳐 두고 오랫동안 기후학과 토양학을 연구합니다. 그 결과로 천 년이라는 장기 지속의 기간 동안 토양과 기후의 변화가 인간의 역사에 끼치는 영향을 규명했어요.

이 책은 역사에서 인간과 자연의 관계를 규명하면서 동시에 역사 연구에서 장기 지속의 개념을 만들어 냈습니다. 장기 지속이란 역사의 인과 관계가 즉각적으로 드

러나는 단기 지속이나, 수십 년이나 수백 년에 걸쳐 일어
나는 중기 지속을 넘어서는 개념이지요. 역사가의 창조
력이 돋보이지요? 이런 것이 바로 학제적 연구죠.

이제는 경영을 하는 사람이라도 경영학만 공부해서
는 더 이상 현실에 대응할 수 없는 시대가 왔습니다. 그래
서 교양 교육이 더욱 중요해졌어요. 물론 우리도 미국식
대학 제도나 교과 과정을 많이 따르면서, 교양학부를 만
들어 교양 교육을 하고 있어요. 융복합 학문이라 해서 사
학과 학생이 국제통상학을 복수 전공하거나 혹은 전기
공학과 학생이 심리학을 복수 전공하고 있어요. 아예 문
화콘텐츠학과처럼 전공 자체가 융복합 학문으로 구성된
경우도 있지요. 실제로 어느 대학 총장님은 학사 과정에
서 융복합 과정을 운영한 후 학생들의 취업률이 높아졌
다고 하시더군요.

그런데 이런 학과들의 콘텐츠가 형식적으로 짜깁기
된 것은 아닌지, 실제로 콘텐츠의 융합이 효과가 있는지
는 제대로 점검하지 않고 있어요. 대학들이 그저 취업률
을 높이는 통계치 놀음에 열중하고 있는 것은 아닌지 반

성해 봐야 합니다.

대학에 따라서는 교양 공부가 구조적으로 불가능한 경우도 있습니다. 성균관대에는 벌써 몇 년 전 대학원에 휴대폰학과가 생겼어요. 경제적으로나 사회적으로 휴대전화가 워낙 중요해졌으니, 이런 세밀한 전문화는 필요해요. 문제는 휴대폰학과 학생들 혹은 자연 과학부나 공대 학생들에게 충분한 인문학 교육을 시키고 있느냐 하는 점입니다. 교수들은 계속 시도해요. '철학 입문'이나 '교양 한국사', '서양 문화의 이해' 같은 강의를 개설하려고 해요. 하지만 폐강될 때가 많아요. 학생들이 신청을 안 해서 그렇습니다. 왜 안 하냐고 물어보니 전공과목에서 들어야 할 필수 과목이 너무 많아서 시간이 없다는 거예요. 대학이 구조적으로 학교에서 교양 과목을 공부할 기회를 갖기 어렵게 만들어 놓은 겁니다.

교양 교육이 부족하니 학생들도 점점 우리 삶을 규정하고 있는 좀 더 큰 문제에 대한 성찰이나 고민을 덜하는 듯해요. 각 대학의 학생회 선거에서 내세우는 이슈를 보면 가끔 심란해요.

학생 회장 후보들이 내거는 공약이, 식사하러 내려가는 계단 옆에 에스컬레이터를 설치하겠다는 종류의 것이에요. 이런 학교생활의 편의 외에 최소한 대학의 행정에 문제는 없는지, 반값 등록금 운동을 했는데 등록금이 실질적으로 낮아지지 않은 이유는 무엇인지 등을 지적해야 하는데 그런 시도는 별로 안 보입니다. 대학 개혁 문제, 정치적 민주주의, 학내 성희롱 등이 대학의 학생 회장 선거에서 관심사가 되지 않은 지는 꽤 오래되었습니다. 자신이 살고 있는 사회의 문제에 관심을 보이지 않는 거예요. 특히 대학 내 성희롱 문제는 심각한 수준인데, 이것이 학생 회장 선거에서 주요 이슈로 떠오르지 않는 것은 제게는 참 기이한 일이에요.

저는 인문학에 토대를 둔 제대로 된 교양 교육이 대학에서 충분히 이루어지지 않는 데에도 그 원인이 있다고 생각합니다. 교양 교육의 필요성에 대한 인식이 여전히 너무 부족해요.

실용적인 목적에서 보아도 교양 교육과 이를 통한 인문학적 이해가 부족하면 우리가 입는 손실이 큽니다. 예를 들어 외국에 파견되어 있는 한국 기업의 주재원들을 보면, 현지인들과 접촉도 적고 그들의 문화나 사고방식에 대한 이해도도 낮습니다. 이래서야 어찌 '장사'를 하겠습니까? 교양이나 세계관의 형성은 대학에서 일찍부터 이루어져야 합니다.

문제 넷,
비싼 학비, 공공성의 부재

우리 대학들은 등록금이 너무 높아요. 교육의 공공성을 높이려면 등록금을 좀 더 낮추어야 합니다. 국가도 더 지원해야 하고요. 외국의 사례들을 볼까요? 제가 독일 기숙사에서 지낼 때, 제 기숙사 옆방에 화학을 공부하는 여학생이 살았는데 늘 툴툴거렸어요. 이 학생은 고등학교만 졸업한 뒤 실험실 기사로 일하려고 했대요. 그런데 철강 공장의 작업반장으로 일하시는 아버지가 대학을 가라고 애걸복걸해서 어쩔 수 없이 대학에 왔다는 거예요. 이 학생이 취업하지 않고 대학에 진학하면 아버지는 부양가족이 있는 셈이 되어 세금이 확 줄어들거든요. 그래서 아버지가 대학을 가라고 하신 거죠. 그럼 그 친구는 왜 대학에 안 가고 실험실 기사를 하려고 했을까요?

독일 대학은 졸업하기까지 6, 7년이 걸려요. 이 학생 말이 자신이 6, 7년 동안 실험실에서 일하면 월급이 계속 올라가서 대학 졸업 후 취직했을 때와 월급이 거의 비슷해진대요. 그런데 왜 고생하며 대학을 다니느냐는 것이지요. 직업 교육이 튼실하고, 직업에 대한 사회적 존중이 있고, 또 학벌 차이가 사회적 차별로 이어지지 않기 때문에 가능한 생각이지요.

결국 그 친구는 석사를 마쳤는데, 그다음에 또 툴툴거리더군요. 아버지가 자기한테 박사 과정까지 가라고 하신대요. 독일은 박사 과정까지 학비가 없어요. 또 딸이 공부할수록 아버지는 계속 세금 혜택을 보지요. 이 친구는 좀 재미난 경우이기는 했지만 독일은 이런 식으로 국가가 학비를 보장해 주고 있어요.

또 다른 친구 이야기를 해 볼게요. 독일에서 같이 역사학을 공부했던 친구인데요, 이 친구는 실업계 고등학교를 졸업하고 은행에 취직했어요. 독일은 대학에 가려면 인문계 고등학교(Gymnasium) 졸업장에 해당하는 아비투어(Abitur)라는 대학 입학 자격증을 받아야 하는데 그 친구는 실업 고등학교를 다녀서 그 자격증이 없었어요. 그래서 아비투어를 주는 일 년짜리 과정을 따로 마친 후 대학에 와서, 우리와 같이 사학과를 다녔어요.

제가 살던 노르트라인베스트팔렌주에서는 10년 동안 일한 뒤 대학에 진학할 경우, 그 후 6년 이상 국가가 학비를 무료로 해 줍니다. 이 친구는 사학과 공부를 마친 뒤 그 전공을 살려 취직을 할지 아니면 은행으로 다시 돌아갈지 공부를 끝낸 다음에 결정하겠다고 하더군요. 우리도 이런 식으로 일을 하다가 언제든 학비 걱정 없이 공부를 시작할 수 있는 제도가 있다면, 그래서 자신의 진로를 여러 번 고민할 수 있다면 참 좋지 않겠어요? 독일은 대학 입시가 없고 대학도 평준화되어 있으니, 이런 전환이 훨씬 쉽기도 하지요.

독일 말고 미국의 예도 하나 들까요? 우리는 미국 대학 하면 하버드, 예일, 프린스턴 같은 사립 대학만 눈에 들어오지만, 미국만 해도 공립 대학이 전체 대학의 60%를 넘어요. 제가 아는 어떤 여성은 남편이 미국에서 박사 후 과정을 밟는 2년간 두 아이를 돌보면서 인터넷으로 강좌를 들을 수 있는 교육 대학원에 등록했습니다. 집에서 강의를 들을 수 있었고 학비도 적었다고 해요. 그 대신 마지막에 초등, 중등, 고등학교를 돌며, 지독한 교생 실습 훈련을 받았다더군요. 저렴한 학비와 치밀한 실습 훈련을 결합한 아주 합리적인 제도지요. 그렇게 공부해 온 그 여성은 귀국한 뒤 외국인 학교에서 교사로 일하고 있습니다.

공부를 하려면 우선 거액의 등록금부터 내야 하는 우리의 대학과 대학원 들을 생각해 보면, 우리의 대학 제도가 얼마나 불합리한가를 알 수 있습니다. 우리도 사이버 대학이 있기는 하지만 여기도 학비가 결코 저렴하지 않지요.

저는 우리 대학 교육에도 이와 같은 기회가 좀 더 많이 열려야 한다고 생각합니다. 평생 교육의 기회는 되도록 많이 열어 주면서, 등록금은 좀 더 내려 주어야 해요.

취업을 했던 사람도 혹은 일하고 있는 도중에라도 원하면 언제든 쉽게 정규 대학으로 진학할 수 있어야 해요. 물론 지금은 기업 문화 때문에라도 쉽지 않죠. 하루에 10시간 이상 일할 수밖에 없다면, 평생 교육의 기회가 있다고 해도 누릴 수 없으니까요. 노동 조건도 함께 개선해서 대학에 갈 수 있는 기회를 다양하게 만들어야 합니다.

시민을 기르되,
계급을 나누지 않으려면

조금 근본적인 질문을 하나 해 볼까요? 대학의 공공성을 높여야 하는 이유는 무엇일까요? 여러 가지가 있지만, 그중 중요한 한 가지가 바로 '시민성'을 기르기 위해서입니다. 대학은 전문적인 학문을 공부하는 곳이기 이전에, 보편적인 시민성을 키우는 공간이 되어야 해요. 실제로 미국과 유럽의 대학들은 그런 역할을 충실히 수행하고 있습니다.

하버드대학을 예로 들어 볼까요? 제가 방문했던 1990년 당시 하버드 캠퍼스 기숙사들은 벽돌로 지은 고색창연

한 건물이었어요. 겉보기엔 아름답지만 400년도 더 된 건물이라 벽돌에 얽힌 담쟁이에서 벌레가 기어들어 오기도 하는 낡은 곳이죠.

하버드를 비롯해 미국 대학들은 여전히 신입생이 입학하면 1~2년 동안 의무적으로 기숙사에 살게 하는 전통을 지키고 있어요. 독방도 아니고 두 명이서 한 방을 같이 써야 하지요. 기숙사라고 해서 저렴하지도 않아요. 2년씩 묵어야 하는 하버드 기숙사비가, 학교 바깥에 아파트를 얻는 비용보다 더 비싼 경우도 있다고 해요.

낡은 기숙사에서 지내는 게 학생들에게 달가운 일만은 아니겠지요. 제가 머물렀던 1990년에 하버드 캠퍼스에서 학생들이 입고 다니는 티셔츠 중에 재미있는 것이 있었어요. 등판에 이런 글씨가 적혀 있었지요.

'하버드 캠퍼스는 관광객에게는 아름답다. 그러나 우리에게는 괴롭다.'

기숙사 생활을 하면서 학생들은 시민 계급의 매너를 배워 갑니다. 학부생들이 집단생활의 규칙을 몸에 익히도록 대학원생들이 튜터로서 돕지요. 기숙사들 간에는 일 년 내내 배구, 농구, 축구 등의 운동 경기가 열려요. 이런 스포츠 축제의 절정은 하버드대학 옆으로 흐르는 찰스강에서 열리는 조정 경기 결승전이지요. 전 대학 캠퍼스가 축제 분위기에 휩싸이거든요.

또 기숙사 식당의 테이블을 보면 다양한 종류의 육류와 생선부터 마지막 후식까지 일체가 격식 있는 뷔페로 차려져 있어요. 학교 식당에서도 학생들은 품격 있는 식사를 하는 것이죠.

이런 미국 명문 대학의 전통이나 시민 계급의 매너는 언제부터 만들어졌을까요? 18세기 후반 이래 서구의 시민 계급은 봉건적인 것, 귀족적인 것에 저항해 왔어요. 봉건적인 제도나 전통, 수공업 길드의 규제, 장원제의 인신 예속, 귀족이 누려 온 공적 권위나 특권에 단호하게 맞서 왔습니다. '게으르고 나태한 귀족 계급'과 자신들을 구별하면서 자신들의 정당성을 확인하려는 노력을 계속해 온 것이지요. 이런 것들을 총체적으로 '시민성'(Bürgerlichkeit)이라 할 수 있습니다. 그리고 이 시민성에서 중요한 것은 단순히 식사 예절이나 기숙사 규칙이 아니라 그런 형식들로 지키고자 하는 시민 정신입니다.

서구 시민 계급의
규칙들

막스 베버는 그의 책『프로테스탄트 윤리와 자본주의 정신』에서 자본주의 정신이 근대 서구를 만들었다고 강조합니다. "이윤의 획득을 소명으로 삼되 그것을 조직적으로 그리고 합리적으로 추구하고 모든 세속적 향락을 배척하는 정신적 태도야말로 서양 근대에 특유한 자본주의 정신"이라고 주장했습니다. 베버는 청교도적인 훈육을 통해 만들어진 서구의 자본주의 정신을, 일확천금을 노리는 해적선장의 천민자본주의와 구별하고자 했지요.

베버가 주장하는 자본주의 정신이 실제로 서구 자본주의 발전에 얼마나 결정적인 역할을 했는지에 대해서는 논쟁의 여지가 있습니다. (베버에 대한 반론서로는 R. H. 토니의『종교와 자본주의의 발흥』을 들 수 있어요.) 그러나 적어도 이런 정신과 생활 태도가 서구인들의 일상생활에 스며들어 자본주의를 발전시키는 강장제 역할을 한 것은 분명한 듯합니다.

서구의 시민 계급은 공적, 사적 영역에서 다양한 규칙과 금지 규정을 만들고, 이를 통해 자신들의 시민성을 형성하고 확산하고자 했어요. 예를 들어 전통적인 귀족 계급이 타고난 신분과 세습에 따라 특권을 누리는 것을 조롱하면서, '재능에 따라 출세하는 능력 중심 사회'를 만들고자 했습니다. 우리 식으로 말하면 '금수저'들을 경멸한 것이지요. 그 결과 교육과 시험, 그에 따른 자격증이 출세의 기초가 되었습니다.

정치나 사회생활에서는 어땠을까요? 시민 계급은 법치주의를 강조했습니다. 또 근대 자본주의 사회로 들어오면서 전통적인 공동체 사회가 무너지자, 단체를 결성하기 시작했어요. 시장의 경쟁 속에서 홀로 살아남아야하는 개인들이 집단적으로 자신들의 이익을 지키고자 한것이지요. 그렇게 만든 단체에 대해서는 집회와 결사의 자유가 강조되었고요.

한편 사적인 영역에서는 체통(respectability)을 중시했습니다. 의식주 생활, 장례식, 축제 등에서 다양한 규칙을 새로 만들어 지켰지요. 이는 오늘날에도 서구 중산층의 삶 속에 깊이 뿌리내려 있습니다. 이런 규칙들은 '형식적이다' '가식적이다' '권위적이다'라는 이유로 68 학생 운동 당시에 비판받기도 했어요. 그런 측면도 있지만, 저는 이런 시민성이 서구 사회를 받치는 저력으로써 기능해 왔다고 생각합니다. 지금도 대학에서 그런 시민성이 길러지고 있지요.

이런 이야기를 할 때면 머릿속에 떠오르는 사람이 있습니다. 제가 하버드대학교 옌칭연구소에서 연구비를 받아 일 년간 체류할 당시 만났던, 연구소 부소장 에드워드 베이커(Edward Baker) 선생이에요. 베이커 선생은 우리나라와도 인연이 깊어요. 1970년대에 있었던 김대중 전 대통령 납치 사건을 비롯해 한국 정부의 다양한 인권 탄압에 맞서 오랫동안 싸우셨거든요.

제가 연구원 생활을 끝내고 귀국할 즈음에 베이커 선생이 한중일 학자 스무 명 정도를 자신의 집에 초대해서, 로브스터 파티를 열어 주었어요. 초대받은 교수들은 미국에 도착하자마자 (생필품이 필요하기도 했지만) 일제나 미제의 좋은 텔레비전이나 오디오 세트를 사는 데 열을 올렸었지요. 그런데 놀랍게도 베이커 선생의 생활은 검소하다 못해 누추했어요. 베이커 선생은 한국에서 평화 봉사단으로 활동하던 시절에 한국 고아를 입양해서 친아들과 함께 키우고 있었는데, 두 아이의 비싼 학비 때문에 더 어렵게 사셨던 것 같습니다. 그 모습을 보면서 저는 스스로가 부끄러워졌어요. 또 이것이 시민적 전통을 고수하는 서구 중산층의 모습이구나 싶었지요.

우리 근대화에 부족한
플러스알파

그럼 우리 사회의 시민성은 어떠할까요? 1960년의 군부 쿠데타에서 1987년 6월 항쟁에 이르기까지 긴 역사를 거치며 한국의 민주주의는 성숙되어 갔어요. 그와 함께 시민 의식도 높아졌고, 그에 기초하여 시민운동도 대단히 활성화되었죠. 여느 제3 세계 국가에서도 유례가 없는 일이어서 많은 찬사를 받고 있습니다.

요즈음 계속 거론되고 있는 일본군 '위안부' 문제는 한국의 여성 운동과 시민운동의 헌신적이고도 성공적인 활동이 없었다면 이렇게 전 세계의 이목이 집중되는 이슈로 떠오를 수 없었을 거예요. 전쟁 중에 이루어진 성폭력이 이렇게 파헤쳐지고, 운동 이슈로 떠오른 사례는 세계 어디에도 없습니다. 그 심각성에도 불구하고 말이지요. 독일에서도 나치 지배 기간 동안 집단 수용소에서 강제 성매매가 집중적으로 진행되었지만 아직까지 증언자도, 이를 파헤치려는 여성 운동도 나타나지 않은 상황입니다.

하지만 우리 사회의 근대화 과정에는 부족한 점이 많습니다. 우리가 근대화를 이해하는 방식은, 근대화를 이끌었다고 평가되는 '박정희 신화'와 연결되어 있어요. 아주 단순한 논리로 정리된 성장 중심주의지요. 성장에 대한 우리 사회의 믿음은 박정희 전 대통령으로부터 출발하니 박 전 대통령의 생애 이야기를 잠시 해 보지요.

박 전 대통령은 가난한 농가 출신의 청년 장교였어요.

밥을 굶던 가난을 딛고 대구사범학교에 진학해 초등학교 교사가 되었으니 식민지 사람으로서는 출세한 편이었지요. 그러나 그는 여기에 안주하지 않고, 일본 육군사관학교에 입학한 후 일본군 장교가 되지요. 민족의 독립이나 민족 문화의 계승에는 관심이 없었던 모양입니다.

해방 이후 귀국한 박 전 대통령은 새로이 건국된 대한민국 군대의 지휘관이 됩니다. 이는 과거 청산의 측면에서 보자면 있을 수 없는 일입니다. 박 전 대통령은 일본군 장교로서 일본 제국주의와 밀접히 결탁했던 인물이니까요. 어쨌든 지휘관이 된 후 박 전 대통령은 곧 부패한 군부에 실망하면서, 이를 바꾸려는 여순 반란 사건에 관여했습니다. 사건 마지막에 체포되자, 반란에 가담한 동료들의 명단을 넘겨주고 자신은 살아남죠. 그리고 1961년에 5·16 군사 정변을 일으킵니다.

쿠데타로 권력을 잡은 군부 세력은 공업화를 주도합니다. 박 전 대통령은 당시 한국인에게 가장 중요한 것은 굶주림과 빈곤을 면하는 것이라고 생각했겠지요. 그의 행적에서는 가난을 면하기 위해서라면 모든 것이 합리화

될 수 있다는 생각이 드러납니다. 아마 지금도 적지 않은 국민들이 '근대화=공업화'라는 생각을 공유하고 있을 거예요. 경제가 성장하여 배불리 먹고 국방이 튼튼하면, 국민은 행복할 것이라 전제하는 것입니다. 그럼 정말 근대화는 공업화가 전부일까요?

서구, 특히 민주주의가 발달한 나라들의 역사를 살펴보면 근대화=산업화+알파입니다. 산업화에 더해 플러스알파가 반드시 있어요. 이 플러스알파에는 의회 민주주의의 확산과 정착, 인권 신장, 여성 해방, 노동 운동의 활성화와 노동 조건의 개선 등 다양한 것이 포함되어 있어요. 서구 선진국에서는 산업 혁명과 함께 민주주의 혁명이 오랫동안 진행되었습니다.

하지만 우리에겐 그 플러스알파가 부족했어요. 그저 밥만 먹고 살면 된다고 생각했죠. 저는 '우리의 근대화'를 말할 때마다 생각나는 풍경이 하나 있습니다. 제 대학 시절에 구로 공단부터 구미 공단, 마산 공단이 연달아 생겼습니다. 이러한 이른바 수출 자유 공단에서 일하는 노동자들의 노동 조건과 임금이 너무 열악하다 보니, 종종

노사 분규나 파업이 일어났어요. 적은 임금, 하루 12시간에 이르는 긴 노동 시간, 열악한 공장 기숙사 시설, 강압적인 노동 통제 그리고 노동 현장에서 수없이 일어나는 성희롱과 성폭력 때문이지요. 주로 10대 후반에서 20대 초반의 여성 노동자들이 파업을 주도했는데, 이런 파업에 경찰과 중앙정보부가 개입해 폭력까지 쓰면서 잔인하게 진압하곤 했지요. 자연히 대학생들도 그런 현실에 관심이 높았습니다.

저도 친구들과 함께 1973년에 구미 공단 노동자들의 실태 조사를 하러 간 적이 있어요. 100만 평이나 되는 농지에서 농민들을 강제로 내쫓고 땅을 갈아엎은 후, 그 절반쯤 되는 땅에 공장을 지어 놓았더군요. 졸지에 살던 땅에서 쫓겨난 농민들은 실업자가 되었고 그들의 딸들인 열여섯, 열일곱 살짜리 어린 여성들이 새로 들어선 구미 공단의 전자 공장과 봉제 공장에서 여공으로 일하고 있었어요. 그렇게 벌어 온 돈으로 가난한 가족이 생계를 이어가고, 아들들의 학비를 충당하던 시절이었습니다.

처음 그곳에 갔을 때 아직 공장이 들어서지 않았던,

끝없는 황토 벌판 풍경이 한 장의 사진처럼 지금도 생생
합니다. 이미 갈아엎은 50여 만 평의 황토 벌판 한복판에
소나무가 한 그루 서 있더군요. 저 소나무는 뭐지 싶었는
데 박정희 전 대통령이 어렸을 때 산에 나무하러 갔다가
힘들어서 그 밑에 앉아 쉬어 간 소나무래요. 그런 사연이
있어서 베지 않았던 거예요. 군부 독재하의 근대화란 이
런 것이로구나 하고 생각했죠.

우리는 근대화 과정에서 공업화에 주력했을 뿐, 플러
스알파를 많이 찾지는 못했어요. 그래서 경제 규모로는
세계 10위, 12위이지만, 박근혜 전 대통령의 국정 농단과
같은 황당한 일이 우리 눈앞에 벌어진 것이죠.

저는 독일 친구나 유럽인 방문자 들을 자주 만나는데,
이들은 한국의 정치적 근황을 들으면 아주 놀라워합니
다. 어떻게 세계에서 가장 잘 팔리는 휴대 전화를 만드는
나라에서, 국정 농단이나 예술인에 대한 블랙리스트 제
작과 같은 일이 벌어질 수 있는지 상상할 수 없다는 거예
요. 이런 심각한 불균형이 바로 우리가 근대화에는 공업
화 외에 플러스알파가 있다는 것을 제대로 이해하고 받

아들이지 못한 데에서 벌어졌다고 생각합니다.

물론 1970년 이래 이어진 민주화 운동이나, 면면히 이어 온 노동자 투쟁은 근대화의 플러스알파에 해당할 겁니다. 그러나 이 알파는 여전히 불완전해요. 정치적 민주주의만 보아도 촛불 집회와 탄핵을 통해서 힘겹게 이어가고 있습니다. 적폐 청산, 국정원 개혁, 검찰 개혁 등의 과제도 아직 많이 남아 있지요.

일상 속의 민주주의도 여전히 부족해요. '갑을 관계'는 도처에 널려 있지요. 장애인, 다문화 가족, 미혼모에 대한 편견도 여전합니다. 2017년 11월에 한샘 기업에서 성희롱 사건이 발생해 우리 모두가 경악한 것처럼 직장 내 성희롱과 성폭력도 빈번하게 발생하고 있어요. 피해자를 향한 2차 가해도 계속되고 있고요. 성희롱에 대해 지나치게 관대한 직장 문화 속에서 많은 피해자가 피해 사실을 알리고도 주변 동료들의 따가운 눈총에 시달리다 결국 일터를 떠나는 것이 여전히 우리 현실입니다. 모두 우리의 민주주의가 얼마나 불완전한지 잘 보여 주지요.

일상에서의 민주주의 실현은 아직 갈 길이 멉니다.

'갑질' 행위가 문제시된 것도 요 몇 년 사이이고, 체통이
나 시민적 도덕의 개념은 아직 제대로 거론되지 않고 있
습니다. 사회적 신뢰는 바닥 수준입니다. 모두가 억울하
고, 모두가 타인 때문에 불이익을 당하고 있다고 생각하
며 살고 있어요. 민주적인 책임 개념은 아직 충분히 공유
되지 않았는데, 소비는 삶을 과도하게 지배하고 있습니
다. 서구 선진국들에서 생산되는 고가의 명품을 우리가
무척 많이 소비하고 있어요.

　이런 일에 대해 문제의식을 느끼고, 시민으로서의 책
임과 역할을 고민하는 일을 바로 대학에서 해야 합니다.
대학에서만 해야 하는 일은 아니지만, 대학이 그 중요한
한 축이 되어야 해요.

미국에서
고속버스를 탔더니

　서구 시민 사회라고 해서 다 좋기만 한 것은 아니에
요. 미국에서 보았던 다른 풍경을 하나 들려 드리지요. 미

국에서 지내던 시절, 한번은 한국에서 친구가 왔어요. 그 친구가 뉴욕에 놀러 가자면서 그레이하운드 고속버스를 타고 가자고 해요. 고속버스는 암트랙이라고 불리는 기차에 비해 값이 절반 이하였어요. 하지만 주변 사람들은 모두 버스가 위험하다면서 타지 말라고 조언하더군요. 고속버스가 정말 그렇게 위험할까 생각하면서 친구에게 그 이야기를 전했더니, 제 친구가 "아니, 미국의 민중이 타는 차를 네가 타지 않겠다는 게 말이 돼?"라고 반문해요. 그 말도 일리 있지요.

그래서 친구와 함께 고속버스를 탔어요. 아닌 게 아니라 그레이하운드 고속버스 안에는 얼굴이 흰 사람이 없더군요. 검은 사람 아니면 남미계 사람이 대부분이었어요. 그때는 중국인이 막 미국을 방문할 때여서 가난한 중국 사람들도 더러 보였고요.

거기까지만 해도 괜찮았는데, 뉴욕의 버스 터미널에 내렸을 때 '혼자서는 도저히 이 버스를 못 타겠구나.' 하는 생각이 들었어요. 터미널에 있는 화장실에 갔는데 거기서 어떤 사람은 마약 주삿바늘을 팔에 꽂고 있고, 어떤 홈리스는 이삿짐이 든 이민 가방을 옆에 놓고 빨래를 해서는, 화장실 난방기에 말리고 있더군요. 하버드대학의 우아한 식당 풍경, 베이커 선생의 검소한 생활이 그레이하운드 터미널의 화장실 풍경과 겹쳐지면서 저는 큰 충격을 받았어요. 우리나라는 절대로 이렇게 만들면 안 되겠다 하고 생각했지요. 대학은 시민성을 기르는 공간이기는 하지만, 그저 계급 배분만 하는 공간이 된다면 그것 또한 무척 위험한 일이라는 것을 다시금 깨달았던 겁니다.

사실 하버드대나 프린스턴대, 예일대 같은 미국 명문 대학의 등록금은 매우 비쌉니다. 2018년 기준으로 하버드대 학부의 학비는 4만 7074달러, 대학원은 4만 7220달러예요. 예일대는 학부는 4만 9480달러, 대학원은 3만 9800달러를 받고 있습니다. 한국 돈으로는 5000만 원에서 6000만 원쯤이니 엄청난 액수지요.

물론 이 대학들은 등록금 때문에 생기는 사회적 격차를 완화하려는 노력을 하고 있어요. 일정 비율의 학생에게 장학금을 주어서, 가난하지만 우수한 학생에게 공부할 기회를 주지요. 그러나 이런 혜택은 그야말로 소수에게만 주어지는 것이지요. 웬만큼 부유한 부모가 아니라면 자식을 명문 사립대에 보내기 어렵습니다.

부유한 집 아이들이 일류 대학에 진학하게 되고 졸업후에는 좋은 직업을 가질 수 있게 되니, 결국 대학은 상류층은 상류층으로 계속 살아갈 수 있게 하고, 혜택받은 소수의 가난한 아이들만 사회적으로 상승하게 해 주는 기능을 합니다. 대학이 계급 재생산 또는 계급 배분의 역할을 하는 겁니다. 이것이 미국만의 일일까요?

우리도 이른바 명문대 학생들의 가정 환경을 분석해 보면, 가난한 집안 학생의 비중이 매우 작다는 사실이 여실히 드러납니다. 우리나라가 고도 성장기였던 1970, 1980년대에만 해도 부모님이 좀 가난하더라도 열심히 노력하면 좋은 대학을 나와서 수입이 좋은 직장에 갈 수 있었죠. 그러나 이제는 부모의 교육 경제 수준이 높아야 자녀도 좋은 대학에 갈 수 있게 되었습니다. 한 연구 결과는 "부모의 교육과 소득 수준이 높을수록 자녀의 수능 성적 1~2등급의 비율이 높았다."라고 분석하고 있어요. 한국 사회에서 불평등이 심해졌고, 그래서 '금수저'나 '흙

수저' 같은 '수저 계급론'이 등장할 지경이지요. 이제 청년들은 성공하려면 노력하는 것이 중요하다는 믿음을 가질 수 없게 되었어요. 20~30년 전에 비해 교육이 불평등을 만드는 중요한 기제가 되었습니다.(『한겨레』 2018. 1. 7; 김희경, 178면)

저는 특히 지난 탄핵 때 일련의 사건을 보면서 대학의 역할을 한 번 더 고민하게 되었어요. 박근혜 정부가 행한 온갖 적폐를 도운 엘리트 집단에 대한 심리 분석이 가끔 언론에 실리곤 하지요. 대체로 부유한 부모 밑에서 자랐고 공부도 잘했던 '금수저'들입니다. 명문대를 나와서 사법 고시를 통과하고, 유명한 로펌이나 검찰에서 일하다 정치권에 발탁된 경우가 많지요.

그런데 이들 중 몇몇이 84학번이에요. 84학번이면 고 박종철 열사와 같은 해에 서울대에 입학한 겁니다. 고 박종철이 고문치사를 당했고 고 김세진과 이재호가 민주화를 요구하며 분신했던, 그 시절의 서울대 캠퍼스를 상상해 보면 저는 지금도 만감이 교차합니다. 많은 학생이 민주화를 외치다 희생되던 시절에 이들은 대학 생활을 하며 대체 무슨 생각을 했을까요? 그 시대를 그렇게 살아온 사람의 의식 세계에는 무엇이 들어 있을까요?

그들을 보면서 저는 한국에서 이른바 명문 대학이 하는 역할이 무엇인가에 대해 회의에 빠졌어요. 서열화된 대학들이 계급 배분의 기능만 하는 것이 아닌가 싶더군요. 대학이 사람들이 그 사회에서 어떤 계급으로 살아갈지만 규정할 뿐 시대정신이나 사회 윤리를 가르치지 못한다면, 대학의 존재 의미는 어디에서 찾아야 할까요? 대학과 대학의 지성인은 사회를 향해 더 큰 질문(big question)을 던지는 역할을 해야 하는데 말입니다.

우리는
20%에 속한다?

요즘에는 학생들도 그런 문제를 느끼고 있어요. 한번은 '시민 사회와 시민운동'이라는 수업에서 학생들과 함께 『세계화의 덫』이라는 책을 읽고 토론한 적이 있어요. 이 책은 지금처럼 사회가 발전하면 20:80의 사회가 될 것이다, 인구의 20%는 선택받아서 오늘은 리우데자네이루로, 내일은 홍콩으로, 모레는 런던으로 다니면서 사업을 하며 살아가고, 나머지 80%는 실업자가 되어서 국가로부터 받는 공공 보조금이나 실업 급여로 근근이 연명하게 될 것이라고 말합니다. 사회적으로 큰 충격을 던진 책이지요. 학생들에게 이 책을 읽고 발제와 토론을 진행하라고 했더니, 발제를 맡은 학생이 이런 말로 시작해요.

"나는, 우리는 20%에 속하지만……."

성균관대 학생이면 20%에 속할 수도 있겠죠. 그런데 그 말이 끝나자마자 다른 학생이 손을 들고 이렇게 반론하더군요.

"너는 정말 네가 20%에 들어갈 수 있다고 믿니? 네 자식도 그렇게 살아갈 수 있을까? 그런 환상을 갖지 마."

그러면서 학생들 사이에 치열한 토론이 오간 적이 있어요. 학생들도 대학이라는 공간이 결국은 20:80의 사회에서 20%에 들어가는 사람을 정해 주고, 이를 유지하는 일에만 주로 기여하는 것은 아닌가 하는 데까지 생각이 미쳤지요. 이제 우리는 대학에서 도대체 무엇을 어떻게 공부해야 할지 고민해야 해요. 아예 대학에 가지 말아야 하는가에 대한 고민까지 필요해졌습니다.

그래도 여러분이 "대학을 왜 가야 합니까?"라고 제게 묻는다면, 저는 대학에 가면 '거인'들을 만날 수 있기 때문이라고 말하겠습니다. 그리고 대학에 가면 반드시 인문학을 공부하라고 권하고 싶어요. 인문학이라는 지적 자극 없이는 시민성이 길러지기 어렵고 민주주의가 발전하기 어렵기 때문입니다.

대학에 가면
거인을 만나자

　　　　　　　　저는 대학 2학년 때까지 굉장한 열등감에 시달렸어요. 사범대 역사교육과에 들어갔는데, 그때는 같은 대학 안에서도 사범대 학생은 법대나 사회대 학생한테 열등감을 느끼곤 했어요. 입학 성적이 더 낮았거든요. 그런 건 유치한 것이니 극복할 수 있는데, 문제는 대학에 갔더니 똑똑한 학생들이 정말 많은 겁니다. 내가 얼마나 부족한지 깨닫는 것은 정말 힘든 과정이었어요. 끊임없이 자신과 타인을 비교하면서, 나는 지적으로 뛰어난 학생도 아니고, 외모도 출중하지 않고,

집안도 가난하다는 사실을 확인하는 것은 참 괴로운 일이었어요. 게다가 주변 친구들은 좋은 재능을 얼마나 많이 갖추었던지요.

그런데 저는 이 괴로운 과정이 저를 키웠다고 생각해요. 대학교 1, 2학년 때에는 정말 날고 기는 똑똑한 동기생이 많았는데 그런 친구들이 지금 어떻게 되었는지 살펴보면 시쳇말로 별로 출세하지 못했어요. 크게 보람되게 살지도 못했고요. 똑똑한 동기들은 자신의 재기에 도취되거나 이기적인 행보를 보이는 경우가 많더군요. 이에 비해 저는 평범했지만, 성실하게 노력하며 살아왔다고 생각해요. 제가 소신껏 살아올 수 있었던 것은 대학교 1, 2학년 때 느꼈던 열등감이 저에게 노력이라도 해야 한다는 자각을 주었기 때문이라고 생각합니다.

또 그에 못지않게 대학에서 좋은 사람들을 만난 경험도 저를 성장하게 했어요. 저는 좋은 사람을 참 많이 만났어요. '넌 '일류 대학'을 나왔으니까 그렇지.' 하고 생각하실 수도 있지요. 하지만 꼭 그렇지만은 않아요. 대학에 가면 누구나 '거인'을 만날 수 있거든요. 대학에서는 다양한 교수, 시민, 동료를 만날 수 있는데 그들 모두가 아직 작은 나에게는 거인이 될 수 있어요. 특히 저는 그중에서도 큰 뜻을 품은 멋진 사람들을 만날 수 있었던 것이 대학 진학의 고귀한 의미라 생각해요. 구속이나 강제 징집을 감수하면서까지 민주주의를 외치는 동료들을 보면서 저는 자신이 가진 소시민적 욕망을 늘 부끄러워했고, 이는 제 인생에 큰 숙제를 던져 주었습니다.

우리는 대학의 교양 교육, 소통과 토론의 기회를 통해 좀 더 민주적인 시민, 통찰력 있는 주체로 거듭날 수 있어요. 대학은 집단 지성이 형성되고, 비판 의식이 발원하는 원천이 될 수 있습니다. 그 과정에서 개인은 큰 뜻을 품은 시민으로 성장할 수 있어요.

제가 대학원에 다닐 때, 서울시 곳곳에 흩어져 있던 서울대가 관악 캠퍼스로 합쳐졌어요. 그때만 해도 관악은 정말 변두리였어요. 그 때문인지 이상한 소문도 돌았어요. 대학생들이 하도 데모를 하니까 박정희 전 대통령이 풍수지리 학자를 구해서 인재가 태어날 때 뜻이 꺾이는 지형을 찾았는데 그곳이 오늘날 서울대 터라는 거예요. 그런 우울한 소문이 돌 만큼, 우리는 엄혹하고 절망적인 시절을 지나 왔어요.

하지만 잘못된 정치를 바로잡기 위해 시민 1,000만 명 이상이 시내에 모일 수 있는 것은 우리의 집단 지성이 그 속에서도 꾸준히, 때로 후퇴하기도 했지만 발전해 온 덕분이라고 생각합니다. 대학은 그런 지성을 기르는 앎과 깨달음의 공간이 될 수 있습니다. 그러기 위해서는 인문학 교육이 좀 더 활성화되어야 하겠지요. 지금부터는 인문학에 대한 말씀을 본격적으로 들려 드리겠습니다.

3

인문학은
거대한
진리 탐구
프로젝트

인문학은 얼마나
힘이 센가

대학에서 인문학을 왜 공부해야 할까요? 인문학은 무슨 쓸모가 있을까요?

인문학과 관련해서 우리는 최근 자못 모순되어 보이는 두 현상을 목격하고 있어요. 대학 안에서는 끊임없이 '인문학 말살'이 일어나고 있는데, 대학 밖에서는 '인문학 융성'이 이루어지고 있는 모습입니다. 이 현상은 서점에만 가 보아도 쉽게 눈치챌 수 있어요. 인문학자나 대학교수 들이 내는 본격적인 인문학 서적들은 잘 눈에 띄지 않는데 '인문학'을 키워드로 내건 대중서는 불티나게 팔

리고 있지요.(천정환, 101면)

　지난 정부가 주도했던 문화 융성 사업과, 아래로부터 올라오는 시민들의 인문학에 대한 열정 덕분에 공공 기관이나 민간 영역에서 많은 인문학 관련 사업이 확산되고 있어요. 2000년대 후반부터 활성화된 이런 흐름에 '시민 인문학'이라는 이름을 붙일 수 있어요.

　시민 인문학의 종류는 아주 다양합니다. 지자체와 지역의 문화 재단, 도서관, 박물관 등을 중심으로 한 강좌, 교육부 산하 한국연구재단이 벌이는 인문학 대중화 사업, 자생적으로 일어난 인문학 아카데미들, 시민 단체와 인권 단체가 소외 계층을 대상으로 여는 강좌, 기업과 대학이 기업인이나 고위 간부를 대상으로 하는 시이오(CEO) 인문학, 은행이나 백화점 등이 주축이 되어 중산층 여성이나 노인을 겨냥해 마련한 교양 강좌까지 정말 많지요.

시민 인문학에 대한
비판

시민 인문학의 대중화와 대학 인문학의 위축은 인문학이 가진 두 가지 측면을 보여 줍니다. 하나는 인문학이 대단히 복합적인 기능을 지녔다는 점입니다. 또 하나는 우리 사회가 인문학에 대해 동상이몽을 꾸고 있다는 점이에요.

인문학은 나쁘게 쓰이면 기존의 이익 관계나 지배 구조를 재생산하거나 보완하는 역할을 할 수 있어요. 반대로 좋게 쓰이면 인권과 인간 해방의 문제의식을 만들어 내는 치열한 실험장이 될 수도 있지요. 범람하는 시민 인문학 강좌들은 과연 우리에게 둘 중 무엇을 가져다줄까요? 여기에는 비판적인 시각이 있습니다.

사실 시민 인문학의 많은 프로그램이 교양 강좌류의 지식 전달 프로그램이에요. "비정치적이며 일회적인 '이벤트'"의 경향이 있습니다.(천정환, 108면) 창의적인 강의 아이디어를 내기보다 그저 유명한 강사의 교양 강의로

채우는 경우도 많지요. 일부 대학에서 하고 있는 '시이오 인문학 과정 프로그램'은 "연관성이나 계통이 전혀 없는 교양 강좌의 짜깁기, 그리고 해외 학술 여행까지 포함하고 있"어요. 그러다 보니 이런 무색무취의 인문학 과정을 통해 고위층 사이에서 인맥을 쌓고 문화 자본을 구축한다는 비판도 나옵니다.(천정환, 117~118면)

어떤 인문학이 보통 사람들의 삶과 동떨어져서 부유한 계층이나 상류층의 문화 자본으로 전락했다면, 이는 당대를 사는 학자들이 인문학을 시대에 적합하게 재해석하는 일을 소홀히 했기 때문입니다. 인문학자들은 동서양의 인문주의자들이 수백 년 동안 정리해 놓은 정전이나 고전을 신줏단지처럼 모시면서 해석만 하고 있었던 것은 아닌지 반성해야 해요. 당대의 실천 과제와 문제의식을 수렴하지 못한 것이지요.

저는 시민 인문학에 대한 비판에 공감하는 부분이 많지만 인문학이 시민들 사이에서 호응을 얻는 것은 우선 환영할 일이라고 생각해요. 시민들이 역사부터 예술, 문화에 이르기까지 다양한 분야에서 많은 지식을 얻어 교양인이 되는 것은 좋은 일이지요. 그런 과정을 통해 인문학을 매개로 인간 존중과 해방에 대한 문제의식도 만들어질 수 있습니다. 약육강식의 치열한 경쟁, 사회 경제적 불평등, 천민자본주의, 사회적 신뢰의 결여로 얼룩진 우리 사회에 인문학적 삶의 해석과 실천이 생겨나는 겁니다. 저는 시민 인문학에서 그런 가능성을 봅니다.

인문학과
민주주의

인문학으로 민주주의를 발전시켜야 한다는 말씀을 계속 드리고 있는데, 이런 생각은 그 역사가 꽤 깊습니다. 인문학과 정치적인 삶 사이의 연관성을 가장 먼저 몸소 입증한 사람은 소크라테스입니다. 소크라테스라는 철학자-시민의 탄생과, 아테네의 인문학 부흥은 거의 같은 시기에 이루어졌지요. 소크라테스는 인문주의자이자 정치인이었습니다. 철학을 연구하는 사람이기보다 '철학하는 사람'이었지요. 소크라테스에게 인간은 자신의 생각과 행동에 책임을 져야 하는 존재였습니다.

　이런 생각은 아테네의 위대한 정치가였던 페리클레스의 연설에서도 드러납니다.

　　우리의 공인은 정치 이외에 자신이 돌봐야 하는 개인적인 일들이 있으며, 우리의 시민은 자신의 생업에 전념하면서도 공공의 문제에 대한 공정한 심판관이 되어야 한다. 왜냐하면 다른 국가와 달리 우리 아테네에서는 이러한 의무를 소홀히 하는 사람을 야망이 없는 사람이 아니라 쓸모없는 사람으로 간주하기 때문이며, 묘안이 떠오르지 않을 때라도 우리 아테네인들은 토론을 통해 모든 사건들을 판결하고, 토론을 어떤 일의 실행에 대한 장애물이라 여기는 대신 현명하게 행동을 취하도록 만드는 필수 불가결한 선행 조치로 생각하기 때문이다. (얼 쇼리스, 128면)

　아테네에서는 평범한 시민들도 공적인 문제에 대해 심판관 역할을 해야 했어요. 개인적인 삶에만 매몰된 사람들은 수동적이라는 이유로 시민에서 배제되었지요. 그리고 공회에 참여하는 사람들에게는 국가가 임금을 주었습니다.(얼 쇼리스, 130면)

아테네에서 인문학은 민주주의를 지키는 동력이 되었지요. 여기에 오늘날 우리가 지키려는 민주주의의 원형이 있습니다. 우리 사회에서도 인문학은 민주주의 제도 자체를 민주화하려는 노력과 연결될 수 있어요.

예컨대 인문학은 노숙자, 재소자, (탈)성매매 여성 등 사회적 약자들에게 자활과 자립의 의지를 높이는 계기가 될 수 있습니다. 이런 가능성은 이미 실천된 적이 있지요. 성공회대가 중심이 되어 거리의 사람들에게 인문학을 강의하는, '희망의 인문학' 과정을 진행한 적이 있어요. 이를 통해 많은 이들이 자존감을 높이고 주체성을 키우면서 자신의 삶을 새롭게 성찰할 수 있었지요.

물론 인문학이 모든 것을 해결할 수는 없어요. 거리에서 사는 사람들의 문제를 근본적으로 해결하려면 사회복지 차원에서 배려가 있어야 하지요. 그때 인문학은 삶의 인간화 효과를 증폭하는 역할을 할 수 있습니다.(천정환, 111~12면) 노동자든 시민이든 거리의 사람이든 민주주의 사회를 만드는 주체로서 살아갈 수 있도록 하는 데에서 우리 인문학의 고민이 시작되어야 합니다.(얼 쇼리스, 221면)

대학 인문학에
대한 반성

그러려면 대학 인문학이 좋은 연구 성과를 바탕으로 시민과 소통하는 역할이 매우 중요합니다. 그런데 정작 대학에서는 가시적인 성과를 활발하게 만들어 내지 못하고 있어요. 디지털 기술은 현기증 나는 속도로 발전해 가는데 인문학에서는 자랑할 만한 토종 이론이 생산되지 못하고 있습니다. 학자들의 안일함, 오만함, 패거리 문화도 그 한 원인입니다.

일부 학자들은 인문학 대중화 사업을 통해서, 혹은 정부로부터 받는 프로젝트를 통해서 많은 재정 지원을 받고 있어요. 그러나 그 활동들이 얼마나 성찰적인 문제의식 속에서 이루어지는가에 대해서는 반성적인 평가가 필요합니다. 관변적인 성격이 강한 연구를 하거나 아니면 이미 나온 연구 성과들을 날림으로 짜깁기하는 경우가 많거든요.

너무 진지한 학자들도 때로 문제가 됩니다. 상아탑 안에 있는 일부 학자들은 인문학의 대중화를, 엘리트주의 혹은 아카데미즘의 시각에서 비난하거나 무시하곤 해요. 이런 오만한 태도는 인문학의 효용성이나 기능을 떨어뜨리는 데 큰 역할을 하죠. 이들은 급변하는 시대에 대한 성찰과 대응이 부족해요. 그 결과 대학의 학문과 시민들의 상식 사이에 괴리가 깊어지고 있습니다.

인문학자들이 늘 대중과 멀었던 것은 아니에요. 19세기만 해도 인문학자들은 넓은 독자층을 대상으로 글을 썼어요. 그런데 전문 학술지가 출간되면서 점차 학자들은 대중이 아니라 동료 연구자를 위해 논문을 생산하는 주체로 바뀌었습니다. 대학이 논문 공장처럼 되고 있지요. 학술지 논문 편수가 대학 교수들의 업적을 평가하는 가장 중요한 기준이 되었거든요. 그러면서 학문이 과다

전문화(hyper-professionalism)되었어요. 즉 교수들이 서로 자신의 전공만을 위한 단단한 벽을 쌓고 전문가 10명이 읽을까 말까 한 논문을 생산하는 데 열을 올리고 있어요. 시민들과의 소통은 말할 것도 없고, 가까운 학문 사이에도 학제적 연구나 통섭이 어려워지고 있습니다.(홍성욱) 한국 대학과 학자 들은 인문학의 대중화나 시민 인문학의 밀물에 좀 더 적극적으로 대응해야 합니다. 특히 지금처럼 기술이 빠르게 발전하는 시대에는 더욱 그렇습니다.

기술을
성찰하기 위하여

최근 우리 대학들이 여러 형태의 도전과 위기에 직면하면서 기초 교양 과목에서 철학, 역사학, 문학 등이 점점 후퇴하고 있습니다. 그 대신 소프트웨어나 전산학 개론 같은 과목이 집중적으로 들어서고 있어요. 물론 이런 분야도 중요해요. 그러나 이런 분야를 인간이 어떻게 다룰 것인가에 대해 교육하고 토론하는 것도 그만큼 중요하지 않을까요?

신기술이 시민적 윤리나 책임감 없이 발명되고 사용될 때 어떤 끔찍한 결과를 가져오는지 우리는 역사 속에서 이미 여러 차례 경험했어요. 인간을 어떻게 대량으로 신속하게 죽이고 처리할 것인가를 연구한 독일의 나치나, 그에 대응하기 위해 만들어진 원자 폭탄이 그 좋은 사례지요.

이런 사실을 잘 알더라도 인문학에 대한 지원은 효과가 금방 나타나지 않는다는 이유로 꺼리는 사람도 있습니다. 인문학에 예산을 쓰느라 급변하는 신기술에 쓰여야 할 예산이 줄어드는 것 아닌가 하고 걱정을 하기도 하지요. 이런 주장도 경청해야 해요. 그간 인문학 지원에 쓰인 비용이 얼마나 효과적이었느냐에 대해 비판하고 반성해 봐야지요. 그러나 인문학에 대한 사회적 지원 때문에 경제 성장에 쓰일 비용이 축소될 것이라는 생각은 오해입니다. 2018년 올해 우리 정부 예산에서, 연구 개발(R&D)에 지출하는 비용이 차지하는 비율은 세계 최고 수준이에요. 결코 적지 않습니다. 이런 투자가 인문학에 대한 지원과 병행한다면, 더 큰 효과를 발휘할 겁니다. 혁신 성장은 인문학적 통찰력, 그리고 이로부터 만들어지는 사회적 합의와 기술에 대한 신뢰를 통해 큰 도움을 받을 수 있어요.

4차 산업 혁명과 함께 나타날 미래 사회에서는 새로운 개념의 자본주의가 등장하리라는 예측도 나오고 있습니다. 공유 자본주의(shared capitalism)나 솔루션 자본주의(solution capitalism) 등이 그것입니다. 예를 들면 2016년에 SK하이닉스는 협력사를 대상으로 한 임금 공유제를 도입했어요. 노조가 임금 인상 치의 10%를, 회사가 10%를 내어 임금 인상분 20%를 만들어 낸 것입니다. 미국에서도 이런 시도들이 있다고 합니다.(김병호·이창세, 175면) 또 4차 산업 혁명 시대에는 기존 기업에서 일자리 만들기에 못지않게 창업과 자기 주도 일자리 기회가 증가할 전망입니다.

이런 시대에는 폭발하는 정보와 지식을 관리하는 연계망 지식이나 문제 해결 지식이 중요합니다. 이런 맥락에서도 인문학 교육의 중요성은 점점 더 커지고 있습니

다.(김병호·이창세, 170면, 220면)

시류에 급속하게 휘말리고 있는 우리 대학들과는 달리, 최근 미국의 버클리대학이나 시카고대학에서는 인문주의적 교양과 담론을 복원하는 시도를 대대적으로 시작했어요. 인문 교육으로 급변하는 시대에 대한 성찰력과 대응력을 키우기 위해서입니다.

기술 시대에 인문학이 필요한 이유는 최근 인터넷에서 벌어지고 있는 현상만 보아도 금세 느낄 수 있어요. 인터넷과 에스엔에스(SNS)의 발전은 과거와는 다른 소통 방식을 가능하게 해 줍니다. 지역적인 한계나 시공간의 제한을 뛰어넘어 넓은 사회적 관계망이 형성되고 있지요. 가장 민주주의적이고 평등한 소통 구조가 만들어졌어요. 이는 기술의 성과입니다.

그런데 에스엔에스에서 실제로 벌어지고 있는 현상들은 기술만의 발전이 어떤 한계를 지니고 있는지 적나라하게 보여 줍니다. 반인권적이고 차별적인 의견이나 주장이 그야말로 난무하고 있지요. 때로는 심각하게 반(反)사회적이기도 합니다. 디지털 세계에서 오가는 욕설과 비방, 인권 침해는 상상을 초월할 정도예요. 게다가 청소년 사이에서는 '랜덤 채팅 성매매' 같은 현상이 빠르게 확산되고 있어요.

우리는 에스엔에스를 통해 단순한 말이나 자기주장을 넘어서 집단 지성을 만들어 가야 합니다. 집단 지성은 대중 여론보다는 더 유동적이고 자기 갱신이 가능해야 하고요.

인문학은 시민들이 정치적인 것을 다시 사유하도록 견인하는 역할을 할 수 있습니다. 이 과정에서 우리는 당파적인 것을 대체할 수 있는 총체성 혹은 보편성의 감각을 가져야 합니다.(얼 쇼리스, 283~84면) 인문학을 통해 우리는 미래에 대한 희망이나 해법을 찾아 나가야 합니다.

땔감과 컴퓨터를
결합하는 상상력

　　　　　　　　알파고가 바둑 대국에
서 이세돌을 이기면서 우린 이미 불안해지기 시작했어
요. 알파고와 이세돌의 대국이 하나의 에피소드에 불과
했다면 그보다 더욱 진지한 전망들, 그래서 우리를 불안
하게 하는 전망들이 하루가 멀다 하고 쏟아지고 있지요.
「UN 미래 보고서 2045」에 따르면 미래의 발전 속도가 너
무나 빨라서 우리 인식 능력으로 예측할 수 없는 한계에
도달하는 시점이 2045년이라고 합니다. 그 이후에는, 인
류가 어떻게 첨단 기술을 활용하느냐에 따라 달려 있지

만, 세계가 어느 방향으로 갈지 모른다고 해요.

4차 산업 혁명이 정말 혁명적인 변화일지에 대해서는 의견이 분분하지만, 이를 혁명이라고 본다면 사실 산업 혁명은 그간 여러 차례 있었습니다. 1차 산업 혁명은 1760년대 영국에서 하그리브스가 방적기를 발명하면서 시작됐지요. 2차 산업 혁명은 1880~90년대에 유럽에서 전기와 가솔린, 증기기관이 발전하면서 시작됐고요. 2차 산업 혁명에서 생산력이 기하급수적으로 발전하죠. 이때부터 산업 자본주의가 서서히 금융 자본주의로 바뀌어 갑니다. 3차 산업 혁명은 디지털 혁명이에요. 그럼 4차 산업 혁명의 핵심은 뭘까요? 4차에서는 인공 지능이 등장합니다. 인공 지능이 디지털과 융합하고 또 생명 공학이 중요해지지요.

인공 지능과 바이오산업의 발달은 우리가 윤리의 새로운 경계로 들어가고 있다는 것을 알려 줍니다. 인간의 몸과 기술의 관계를 어떻게 설정해야 할지, 인간과 과학 기술은 어떻게 공존해야 할지에 대한 근원적인 질문에 맞닥뜨린 것입니다. 인공 지능과 바이오산업은 인간 본

성의 경계를 허물 정도로 위협적이지요. 이미 우리는 황우석 교수의 줄기 세포 실험과 관련해 일어났던 논쟁들을 통해 그 위협성을 한 차례 경험한 적이 있어요.

이제 우리는 시대를 슬기롭게 사는 지혜를 발휘해야 하는 시점에 있습니다. 그 지혜를 발휘하는 데에 인문학이 어떻게 도움이 될 수 있을까요? 그에 대한 재미난 힌트를 저는 독일에서 발견했어요.

디지털 혁명에
지각한 독일

사실 독일은 디지털 혁명에 지각한 나라예요. 이는 제 경험 하나로 설명이 될 겁니다. 저는 4년여 전에 튀빙겐 대학으로 한 학기 동안 강의를 하러 간 적이 있어요. 이 대학은 이름처럼 독일 남쪽에 있는 아름다운 도시 튀빙겐에 있어요. 거기서도 이메일은 써야 하니 윈도8이 깔린 노트북을 갖고 갔지요. 그런데 독일 사람들은 아무도 윈도8을 못 다루더군요. 제가 있던 게스트하우스에 제 노트북과 인터넷을 연결할 줄 아는 사람이 아무도 없는 거예요.

끙끙거리고 있는데 마침 다른 한국 교수님이 한 분 오셨어요. 이분도 저처럼 윈도8을 쓰고 있어요. 이분은 아예 튀빙겐대학 중앙 도서관 계단 앞에 앉아서는 지나가는 아시아 학생들을 붙들고 이렇게 물어봤대요. 첫째 질문, "너 한국에서 왔니?", 둘째 질문, "너 윈도8 다룰 수 있니?" 그런 식으로 한양대에서 온 교환 학생을 한 사람 찾아냈는데 그 친구가 문제를 해결해 주었어요. 처리하는 데 10분도 안 걸리더래요. 우리 학생들은 정말 대단하죠? 반면 독일인들이 새로운 기술을 수용하는 데에 얼마나 느린지 알 수 있지요.

기자 출신인 제 독일인 친구는 지금도 여전히 전화기의 다이얼을 돌리며 살고 있어요. 흑백 티브이를 칼라 티브이로 바꾼 지도 얼마 안 돼요. 독일 사람들은 대개 변화에 적응하는 것을 싫어하고 전통적인 것을 고수하려 하지요.

그런데 놀랍게도 디지털 혁명에 실패한 것으로 알려진 독일이 지금 4차 산업 혁명의 선두를 달리고 있어요.

조금 더 구체적으로 말하자면 독일은 전통적인 제조업에 신기술을 결합하는 시스템을 만들어 냈습니다. (이런 결합을 위해 여러 경제 부문이나 정부 부처가 체계적으로 연계해서 일하는 시스템도 만들어 냈어요. 통섭이나 협업 혹은 정부와 민간 기업 간의 거버넌스가 유용하게 작용한 것이지요. 이는 독일 사회에서는 여러 정책 부처 간에 토론이나 합의가 원활히 이루어지고 있고 민관 사이에도 민주적 소통을 바탕으로 한 두터운 사회적 신뢰가 있다는 뜻이기도 합니다.)

제가 일상생활에서 본 여러 모습을 말해 보지요. 한 독일 친구 집에 머물 때였어요. 그 집은 일 년 내내 땔감을 써요. 숲에서 나무를 해다가 장작을 패서 땔감을 만들지요. 독일에 나무가 많기는 합니다. 프로이센 시대에 정부가 대대적으로 조림을 한 덕분에 국토의 30%가 숲이죠. 그렇게 나무가 많은데도 크리스마스트리는 또 수입해요. 그럴 때는 독일 사람들이 참 얄미울 정도지요.

그런데 제가 놀러 갔을 때, 제 친구가 2년 치 땔감을 모두 해 놨다면서 자랑하더군요. 어떻게 나무를 해 왔을까 궁금했는데, 친구가 나무하는 모습을 보여 주겠다고 해서 따라갔어요. 그랬더니 나무가 울창한 숲에 가서는 큰 나무를 전기톱으로 베어서 쓰러트린 후에 네 등분을 내서 차로 운반해 오더군요. 얼마나 일을 많이 했겠어요?

아무 나무나 베는 것은 아니에요. 숲에 가면 페인트로 N이라고 표시된 나무들이 있어요. 놀덴이라는 제 친구의 성을 딴 표식입니다. 벌채를 신청했더니 시에서 벨 수 있는 나무를 지정해 준 겁니다. 시 입장에서는 어차피 솎아내어야 할 나무가 있으니 벌채에 드는 비용을 절약할 수 있지요. 그런데 큰 나무를 자르다가 종종 사고가 나기도 했던 모양이에요. 독일 정부에서는 전기톱 쓰는 법을 교육받은 사람만 전기톱을 쓸 수 있다는 규정을 또 만들었습니다. 정말 치밀하지요.

가장 흥미로운 건 그 땔감으로 불을 때는 벽난로예요. 유럽의 집에는 대개 벽난로가 있죠. 벽난로에 장작 두 쪽을 넣으면 하루치 난방을 할 수 있지요. 벽난로 자체는 전통적인데 여기에 컴퓨터가 장착되어 있어요. 그래서 설정을 해 놓으면 정해진 시간에 벽난로가 자동으로 켜지고 꺼져요. 물론 이런 벽난로를 사려면 돈이 많이 들겠죠? 많은 독일인이 열심히 절약해서 이를 구입합니다. 이런 것이 생태적인 삶이자 에너지를 절약하는 방식이라 생각하지요.

땔감으로 난방을 하는 것은 산업화 이전 시대에 하던 일이죠. 벽난로 장작과 첨단 컴퓨터를 결합한 겁니다. 얼마나 기술이 좋은지 장작을 때는데도 연기가 전혀 나지 않고, 방 안 공기도 청정해요. 마치 중앙난방을 하는 집에 있는 것 같았어요. 게다가 벽난로에서 타는 장작 불길을 바라보는 일은 얼마나 낭만적인지 몰라요.

도대체 누가 벽난로와 컴퓨터를 결합할 생각을 했을까요? 이것을 인문학적 상상력이라고 한다면 지나친 해석일까요?

또한 독일의 많은 주택은 지붕에 태양광 발전기를 달고 있어요. 4차 산업 혁명 시대에 여전히 태양과 통나무로 난방을 하는 것입니다. 지금 독일이 4차 산업 혁명에 앞서고 있는 이유 중 하나는 인문학적인 창의력, 그리고 그런 상상력이 꽃필 수 있게 한 체계적인 조직화일 겁니다. 독일은 일찍부터 생태주의와 경제 정책을 결합한 친

환경 산업을 개발하고 추진해 왔습니다. 특히 중소기업이 중심이 되어 하고 있지요. 정부가 팀을 만들어서 정부 관료, 연구 기관, 당사자, 지자체가 힘을 모으게 한 뒤, 인공 지능과 중소기업에서 생산하는 제품들을 결합하게 하죠. 이런 독일의 경험에서 우리도 힌트를 얻을 수 있을 겁니다.

실직의 불안에
맞서는 상상력

4차 산업 혁명과 관련해 사람들이 가장 많이 느끼는 두려움은 실직일 겁니다. 4차 산업 혁명이 진행되면 일자리가 현재의 절반 이하로 줄어들 거라고들 하죠. 지금도 대졸 청년들의 실업률은 굉장히 심각한데 일자리의 절반이 더 줄어든다고 하니 모두가 불안해질 수밖에 없지요.

불안은 중산층도 예외가 아니에요. '강남 주민'으로 대변되는 유복한 중산층도 불안에 떨고 있어요. 자신은 아파트가 두어 채 있더라도, 자식들의 미래가 너무 불투명

하거든요.

그런데 정말 4차 산업 혁명이 일자리를 줄이게 될까요? 찾아보면 그에 반론을 제기하는 연구 결과도 있습니다.(안상희, 이민화, 2016; 이일영, 2017) 1차 산업 혁명이 일어났을 때도 기계가 노동자들을 다 내쫓을 것이라며 다들 걱정했었다고 하지요. 2차 산업 혁명이 일어났을 때는 더 심했죠. 전기나 증기기관은 인간의 에너지를 크게 절약해 주니까요. 3차 산업이 일어났을 때도 마찬가지였는데, 결과적으로는 세 차례의 혁명 모두에서 인간의 일자리가 줄지 않았다고 합니다. 기술이 발전하면서 인간의 욕망도 계속 늘어났고, 그 때문에 새로운 직업과 일이 끊임없이 생겨났기 때문이지요.

4차 산업 혁명과 관련된 낙관론이 하나 더 있습니다. 4차 산업 혁명이 발달해서 인공 지능이 발전하면 기업이 저임의 노동력을 찾아서 해외로 공장을 이전할 필요가 없어진다는 겁니다. 스마트 기술을 이용해서 국내에서 공장을 운영하면 오히려 생산비를 줄일 수 있을 거라고 예측하는 이들도 있어요. 이럴 경우 우리 노동자의 고

용 기회도 늘어날 수 있겠지요?

이렇게 4차 산업 혁명이 가져오는 위기 담론 속에서도 그 틈새로 희망의 가능성을 포착하는 이들이 적지 않아요. 우리가 인문학적 상상력을 발휘해 이런 가능성들을 찾아내고 사회적 합의를 통해 이를 실행한다면, 4차 산업 혁명이 우리에게 참담한 미래만은 아닐 거예요. 우리는 어떻게 인간답게 살 수 있을지 끊임없이 고민해야 해요. 노동 시간도 줄이고 일과 생활의 양립이 가능한 삶의 방식을 고민해야 합니다.

저의 또 다른 독일 친구 부부는 인구 4만 명 정도의 브람셰(Bramsche)라는 도시에 삽니다. 이 작은 도시에 전기를 공급하는 회사가 네다섯 곳이나 된대요. 제 친구 부부는 여러 전기 회사에서 제공하는 설명서를 모두 가져다, 자기네가 쓰는 전기 양으로 봤을 때 어느 회사의 제안이 가장 유리한지 검토해 보았어요. 그 결과 그린피스에서 공급하는 전기를 선택해서 쓰고 있습니다.

우리는 그린피스를 세계적인 환경 운동 단체로 알고 있지만 운동만 하는 것은 아니에요. 독일에서는 전기도 공급하고 있어요. 대안적인 생태 경제 방식으로 생산된 전기를 공급하지요. 옥수수를 통해 에너지를 생산하는 방식입니다. 전기 에너지를 옥수수와 결합하는 것, 이 또한 흥미롭지 않나요? 이 모든 것이 우리 상상력의 범주에 들어 있습니다.

땔감과 컴퓨터가 결합하기 위해서, 옥수수와 전기가 결합하기 위해서 우리에게 무엇이 필요할까요? 환경 보호라는 가치를 고려하지 않았다면, 그런 상상력을 발휘할 수 있었을까요? 시민뿐 아니라 기업도 사회적 책임을 다하고 윤리 경영을 하려면 인문학적 소양이 필요합니다. 스티브 잡스도 기술과 인문학의 융합이 애플의 디엔에이(DNA)라고 주장한 적이 있지요.

최근 여러 청년들이 머리를 모아 다양한 창업의 가능성을 모색하고 있어요. 스마트 팩토리나 스마트 팜을 통해서 새로운 사회적 기업을 만드는 시도도 하고 있지요. 이런 혁신 성장의 과정에 인문학적 상상력이 동원된다면 큰 효과를 얻을 수 있을 것입니다.

시민은
연대하는 존재

또한 인문학을 통해 에스엔에스 시대에 필요한 집단 지성을 만들어 가야 합니다. 탄핵과 촛불 집회에서 만들어 낸 시민들의 합의(consensus)가 바로 그 중요한 사례지요. 집단 지성은 유동적입니다. 변하죠. 촛불 시위에 나왔던 사람들 중 많은 이가 선거에서는 보수적인 당에 투표할 수도 있어요. 개인들은 대단히 유동적입니다. 그러면서도 끊임없이 자기 갱신을 하기 때문에 인문학적인 질문은 집단 지성의 성찰성을 높이고, 소통을 통해서 정치적인 것을 새로이 사유할 수 있게 하지요.

다시 좋은 예를 들지요. 이라크 전쟁이 시작되기 전에 제 독일 친구들이 마치 꿈을 꾸다 깬 것 같다며 감격했던 사건이 있습니다. 이라크 전쟁 전날, 베를린에 300만 명이 모여서 반전 시위를 했다는 거예요. 그간 독일에서도 사회 운동이 많이 위축되었는데, 이라크 전쟁 반대 시위에 급작스레 300만 명이나 모였으니 시민들의 감동이 컸지요.

결국 독일은 이라크 전쟁에 끝까지 참여하지 않았습니다. 전쟁이 끝난 이후, 복구가 시작될 때에만 이라크에 독일군이 들어갔죠. 시민의 집단적인 의사 표시가 정치적 결단을 추동한 겁니다.

이런 사회적 합의와 성찰의 기반이 있기 때문에, 지난 2~3년 사이에 독일은 시리아 난민 100만여 명을 받아들일 수 있었어요. 물론 이로 인해 메르켈 수상은 큰 정치적 위기를 겪었죠. 메르켈 수상은 보수당인 기독교민주당 출신 아닙니까? 보수당이 이런 과감한 정책을 펼 수 있다는 것이 독일의 저력입니다. 지금도 계속 독일은 정치적 위기를 감내하면서, 시리아 난민을 독일 사회로 통합하고자 노력하고 있어요. 곳곳에서 시민들이 자원봉사로 난민들에게 독일어를 교육하고 있지요. 이것이 민주주의입니다.

지금 우리는 새로운 문화 혁명의 시대에 서 있습니다. 문화는 더 이상 배부른 사람들의 전유물이 아니에요. 이제는 거리 곳곳에서 아마추어 예술가들이 공연을 하고,

- 이를 통해 자신의 희망을 표현해요. 보통 사람들도 자기만의 방식으로 일상생활을 창조하고 조직합니다.

각각의 삶의 현장에서 만나는 시민 모두는 연대하는 존재들입니다. 소득 주도 성장에 대해서, 최저 임금에 대해서, 성 평등에 대해서, 낙태에 대해서 각각 다른 목소리가 나올 수 있어요. 이런 차이 속에서 우리는 토론을 하고, 다름을 인정하고, 합의점을 발견하고, 그래서 함께 행동하는 '연대의 정치학'을 만들어 가야 합니다. 그러려면 집단 지성을 창조할 수 있는 대학의 역할이 제대로 서야 하고, 인문학이 소통을 위한 콘텐츠가 되어야 하고, 민주 시민 교육도 이루어져야 합니다. 이는 한국 사회에서 부단히 계속될 문화 혁명의 과정일 것입니다.

인문학은 삶에 대한
위기의식의 표현

이제 인문학은 역사학, 문학, 철학 이런 개개 분야가 아니라 진리 탐구를 하려는 하나의 거대한 기획, 거대한 프로젝트가 되어야 합니다. 하나의 아이디어가 아니라 한 사회 전체가 공감하고 참여하는 종합적인 기획이 되어야 한다는 뜻이에요.

우리는 사회적 불평등과 불완전한 민주주의 속에서 새로운 기술 혁명의 시대를 맞이하고 있어요. 이럴 때에는 정치에서부터 일상에 이르기까지 시민 각자가 스스로를 개조하려는 자각과 노력이 필요해요. 인문학을 통해 인간의 삶 자체를 반성적으로 살펴보고, 그래서 삶을 이해하고 변혁해 가야 합니다.

반성적이라는 것은 삶의 의미를 곱씹어 보고 해석한다는 뜻입니다. 이런 이야기를 조금 삐딱하게 들으면 이런 의문이 들 수 있어요.

"반성적으로 살아서 내가 잘살 수 있어? 내가 취직할 수 있겠어? 내가 20년 후에 먹고살 수 있어? 무슨 사치스러운 이야기야?"

그런 조급한 마음이 드는 것도 이해합니다. 하지만 인문학은 어떤 문제점이 있으면 그것만 딱 잘라 내서 치료하지 않아요. 오히려 우리를 둘러싼 환경에서 근원적인 해법을 찾지요. 왜 오늘날 같은 세대가 왔는가, 왜 우리는 이런 문제에 직면해 있는가에 대해 원인의 근원을 찾아가는 것이 인문학의 해법이죠. 당면한 문제를 근본적으로, 장기간에 걸쳐서 치료하려 하지요.

말은 그렇지만 쉽지는 않아요. 인문학의 허술한 울타리는 안이 어디인지, 밖이 어디인지 경계가 모호하죠. 그런데 그 덕분에 인문학은 우리가 처한 현실을 통합적으로 이해하고 진단하는 데에 좋은 도구가 됩니다.

인문학은 삶에 대한 위기의식의 표현이자 위기를 인식하는 방법이에요. 인문학을 통해서 우리 삶의 본질을 숙고하고, 위기를 인식한다는 뜻입니다. 인식한 다음에는 해결 방안을 고민하고, 대안을 모색하고, 이를 실천으로 옮겨야겠지요. 많은 시민이 인문학이라는 진리 탐구 프로젝트에 참여한다면, 우리 사회의 미래는 더 희망적일 것입니다.

Q & A

묻고
답하다

인문대 대학원에 진학하는 것을 고민하고 있습니다.
그런데 경제적 문제 때문에 두려움이 큽니다.

제 제자 중에도 그런 경우가 있어서 저도 그 문제 때문에 고민이 많아요. 우리나라는 대학원 공부를 시작하는 것부터 어려워요. 대학원 석박사 과정의 등록금이 너무 비싸거든요. 사실 대학원을 위해서 학교가 투자하는 것은 별로 없어요. 교수들이 수업만 조금 더 하면 되는데, 대학원이라고 해서 학부보다도 더 많은 등록금을 받고 있어요. 이런 시스템은 바뀌어야 해요.

독일의 경우, 공부를 잘하는 학생이 있으면 교수가 "박사 과정에 와서 공부를 계속하렴." 하고 제안할 수 있어요. 박사 과정에 학비가 없거든요. 게다가 저 말 안에는 학비뿐만 아니라 '내가 네 생활비를 책임질게.'라는 의미도 있어요. 독일에는 장학 재단이 많아서 그런 비용을 구할 수 있지요. 하지만 우리나라에는 그런 구조가 없어요. 그래서 집이 가난한 학생들은 대학원에 들어와서도 아르바이트하느라 힘들게 공부를 이어 가는 경우가 많아요. 기존의 대학원 시스템을 바꾸고 학교가 극심하게 민영화되어 있는 것을 바꿔야 학생들이 마음 놓고 공부에 몰두할 수 있을 거예요.

공부를 끝낸 다음에도 고민이지요. 만약 공부를 계속했는데, 대학 교수가 되지 못하거나 연구 기관에 들어가지 못하면 어떻게 할까요? 이 부분도 독일의 경우를 한번 볼까요? 제가 튀빙겐대학에서 강의할 때 너무 놀랐던 것이, 독일의 강사료가 우리 대학 강사료의 절반 이하더군요. 그나마도 안 주는 학교도 있어요. 공부를 무료로 했으니 강의는 명예로 하라는 것이지요. 독일 대학도 예산이 계속 축소되고 있어서 더욱 그럴 겁니다.

하지만 독일은 일반 사회 복지 제도가 잘되어 있어서,

강사들의 경제적 난관이 이를 통해 해결되고 있어요. 예 컨대 대학 강사에게 아이가 있을 경우, 그 아이를 어린이 집에 보낼 수 있는데 수입에 따라서 국가의 보조금이 나와요. 또 다른 도시로 이사 갈 경우 주택청에 신고를 하면, 주택청에서 집을 소개해 줘요. 아이가 둘인 부부라면, 최소한의 인간다운 삶을 위해 방 두 개짜리 집이 필요하다는 점까지 감안해 그에 맞추어 집을 추천하지요. 또 수입에 따라 집세의 일정 부분을 지원해 줘요. 도시마다 액수는 조금씩 다르지만, 집세가 그 사람이 버는 수입의 일정 비율을 초과할 경우에는 나머지 집세를 국가가 보조해 줍니다. 대학이 강사의 강사료를 책임지지 않아도 사회 복지 제도가 다른 방식으로 해결해 주지요.

그런 복지 제도를 운영하려면 세금을 많이 내야겠지요? 실제로 독일은 국가에 내야 하는 사회 보험료가 굉장히 많아요. 의료 보험도 수입 수준에 따라서 많이 내야 합니다. 그래서 제 주변의 독일 교수들을 보면 월급이 많아도 굉장히 절약하며 살아요. 종종 벼룩시장에 가서 아이들 장난감을 사 주는 풍경을 보곤 합니다. 독일 사람들은 수입이 있어도 구매력이 높지 않아요. 미용실을 가는 대신 파마 약을 사다가 집에서 서로 해 주지요. 차에 엔진 오일이 떨어지면 슈퍼마켓에 가서 몇 천 원을 주고 사다가 자기가 직접 자동차를 열어 보충해요.

구매력은 오히려 우리가 더 높아요. 우리나라는 국민 소득이 3만 달러가 안 되지만 온갖 것을 다 살 수 있어요. 옷도 많고 음식점도 싸잖아요. 독일 사람들은 외식도 한 달에 한 번이나 할까요? 국민 소득이 5만 달러가 넘는다는 노르웨이도 마찬가지예요. 누진세율로 적용되는 높은 세금과 절제된 생활이 유럽 복지 국가 시민들의 일상적인 모습이지요. 이런 점을 보면 소비에 대한 가치관을 바꾸는 것도 중요해요. 무엇이 '잘 사는' 것일까요?

저는 학생들에게 공부하고 싶으면 대학원에 가고, 좀 가난하게 살라고 말해요. 그리고 국가에 누구에게나 최소한의 생활 조건은 보장해 주도록 요구하자고 해요. 예를 들면 임대 아파트나 임대 주택 같은 것을 저렴하게 공급해 주는 것이지요. 내 집을 장만하는 데에 평생을 들이는 대신, 하고 싶은 일을 하면서 사는 사회를 만들어 가는 겁니다.

?

대한민국에서 기업의 영향력이 가장 강한 대학에 계신데요,
대학의 민영화에 장점은 전혀 없을까요?

많은 시민이 여러 가지 민영화에 반대해서 싸우고 있습니다. 의료 민영화에도 반대하고 있고요. 아직 민간 자본이나 한국의 재벌에 대한 신뢰가 없기 때문이지요.

그러나 이런 문제가 양자택일적인 것은 아니에요. 대학이 민영화되면서 얻은 것도 분명 있어요. 예컨대 우리나라는 국립대의 경우 여성 교수 비율이 16%에 불과합니다. 이에 비해 사립 대학은 여성 교수 비율이 25%입니다. 민영화가 효율적인 부분도 있어요.

어떤 문제든 단계별로 해결해야 해요. 일단 지금은 한

국의 재벌 체제가 사회에 너무 막강한 영향력을 행사하는 단계에 있어요. 그래서 민영화에 반대하고, 공공성을 높이려고 애쓰는 것이지요. 대학의 민영화 역시 시민들이 모니터링하고 평가하는 과정을 강화하면서 교육의 공공성을 높여 가야 할 겁니다.

공공성이 훨씬 비효율적일 가능성도 있어요. 민영화가 되었는데 정말 양심적인 기업 윤리를 가진 기업이 잘 운영한다면 그 편이 훨씬 더 효율적일 수도 있지요. 양자의 장점을 살릴 수 있는 방안이 나와야 합니다.

?

사회의 변화를 위해 대학생이 직접

참여할 수 있는 방법에는 무엇이 있는지 궁금합니다.

저는 우리 학생들이 대학에 들어가면 일단 알아야 하고, 행동할 수 있어야 한다고 생각해요. 그 행동에는 여러 가지가 있어요. 거리에 나가서 촛불 시위를 할 수도 있지만, 에스엔에스를 통해서 자기 의견을 표현할 수도 있고 가난한 시민 단체에 한 달에 만 원씩 보낼 수도 있어요. 저는 이것이 모두 참여라고 생각해요.

저희 사학과 학생들은 대체로 사회에 대해 비판적인 인식이 강해요. 그래도 졸업하고 나면 여러 회사에 취직하게 되고 그중에는 대기업도 있습니다. 그런 학생들 중

어떤 친구들은 스승의 날에 전화해서는 "저 회사 그만둘까요?" 하고 묻기도 해요. 대기업에 대해 비판하면서도 그 속에서 일하고 있는 자신의 상황에, 갈등하는 마음이 드는 것이지요. 그러면 저는 이렇게 대답합니다.

"그만두지 마라. 그 대신 그 구조 속에서 네가 할 수 있는 일을 끊임없이 찾아보면 좋겠어."

그리고 꼭 이렇게 덧붙여요.

"너 시민 단체에 한 달에 만 원이라도 내고 있어? 안 내고 있으면 그것부터 내."

자기가 살던 사회에서 어느 날 갑자기 뛰어내려서, 전부 시민운동가가 되어서 거리에 나설 수는 없어요. 현실을 바꾸기 위해 각자가 노력할 수 있는 공간은 그 외에도 많습니다. 그 공간을 스스로 찾아가려고 노력하는 것이 중요하지요.

저도 그런 방법을 계속 찾고 있는 중이에요. 요즘 학생들은 해외 봉사를 많이 하는데, 저는 정년퇴직하면 아프리카 대학에 가려고 생각하고 있어요. 아프리카에는 한 과에 학생이 200명쯤 있는데도 교수는 한 명도 없는

대학이 수두룩하거든요. 특히 내전을 치렀던 국가에서
와 달라는 부탁을 많이 해요. 한국이 개발 원조금을 받아
서 이만큼 성공한, 국제적으로 거의 유례없는 사례이기
때문에 그 경험을 들려 달라는 것이지요.

　세상에 가치 있는 일은 많습니다.

?

시민으로서 '알아야 할 책임'이 있다는 말씀이 인상적이었습니다.
**정보를 확보하기 위해서
개인은 구체적으로 어떤 노력을 해야 할까요?**

일단은 그런 책임이 있다는 것을 아는 것이 제일 중요해요. 앞에서 언급한 대로 민주 시민이라면 객관적인 정보를 알 책임이 있다는 것을 인식해야지요. 여러 정보를 찾은 다음에는 상호 점검해 봐야 하고요.

저는 대학에서 '사학 개론' 과목을 강의할 때, 역사가는 시대 현상을 공정하게 이해해야 한다고 늘 강조해요. 역사가 카(E. H. Carr)는 『역사란 무엇인가』라는 책에서 "역사 속의 사실은 마치 어부가 망망대해에서 물고기 한 마리를 잡아 올리는 것과 같다."라고 말한 바 있어요. 그만큼 역사 속의 사실은 때로는 자의적일 수도 있고, 보편성이 부족할 수도 있다는 뜻입니다. 그러니 역사가는 성찰적이어야 하고, 주어진 사실을 확인하고 점검하는 지난한 과정을 거쳐야 한다는 것입니다.

저는 이 말에 깊이 공감해요. 그래서 학생들에게도 역사적 사실이란 유동적임을 강조합니다. 신문 기사를 보더라도 쓰여 있는 것을 곧이곧대로 믿기보다 그 진실성과 역사적 중요도를 평가하는 훈련을 해 보라고 조언하지요.

이런 태도는 역사가나 역사학도뿐만 아니라, 시민들에게도 필요합니다. 앞서 집단 지성이 구현되는 매체로 에스엔에스를 언급했는데 에스엔에스를 통해 올바로 소통하려면 다양한 생각이나 차이를 교차 점검할 수 있는 능력이 있어야 해요. 누군가 부동산 문제를 이야기하면 참여연대, 경제정의실천시민연합 같은 비교적 공신력 있는 단체의 웹 사이트에 들어가서, 거기서 나오는 성명서나 주장을 읽어 보는 거예요. 그러면서 누구의 주장이 더 일리 있는가 판단해 보아야 하지요. 그런 것이 바로 인문학의 소양을 가진 사람의 태도입니다.

　좀 더 어린 세대를 위해서는 디지털 문해 교육(digital literacy)도 활발히 이루어져야 합니다. 학교나 시민 사회에서 다양한 민주 시민 교육을 해서, 디지털 시대에 필요한 문제 접근 방식과 사회 윤리를 가르쳐야겠지요.

?

저는 2016년과 2017년까지 이루어진 일련의 일들, 즉 탄핵을 둘러싼 집회와 시민 참여, 평화적인 방식의 집회, 많은 시민의 정치 참여 그리고 헌법 재판소라는 사법 기관을 통한 탄핵 심판과 대통령 퇴진까지, 이 전 과정을 다시 추억하면서 일 년도 더 지난 지금, 깊은 감상에 젖습니다. 그러나 개인적인 멜랑콜리나 감상을 떠나서 그 의미를 글로벌 역사의 관점에서 짚어 봐야겠지요.

촛불 시위와 탄핵 그리고 정권 교체에 이르는 과정에서 우리나라 시민들은 '민주주의 혁명'의 진면목을 세계에 보여 주었습니다. 박근혜 전 대통령의 탄핵이 결정된 다음 날, TBS 교통방송의 '뉴스 공장'이라는 라디오 프로그램에서 진행자 김어준 씨는 "나는 더 이상 프랑스 혁명이 부럽지 않다."라는 말로 이 위대한 역사적 전기의 감동을 표현하더군요. 저 역시 그 말에 공감했어요.

프랑스 혁명은 세계사에서 민주주의의 시작을 알리는 신호와도 같지요. 프랑스 혁명의 전개 과정을 잠시 살펴볼까요? 사치와 낭비로 왕실 재정을 탕진한 국왕이 귀족들에게 부여되었던 면세권을 폐지하려 하자, 세금을 내고 싶지 않은 귀족들이 모여서 혁명을 일으킵니다. 그렇게 시작된 보수 혁명은 절대주의 체제를 벗어나 의회 민주주의를 실현하려 하던 부르주아 혁명을 거쳐, 상퀼로트(의식 있는 민중을 가리키는 말입니다.)로 대변되는 민중 혁명으로 나아갑니다. 그리고 프랑스 전역의 농촌 지역까지 확산되면서 농민 혁명으로 끝을 맺지요.

그런데 프랑스 혁명은 이 과정에서 많은 유혈과 폭력, 희생이 있었어요. 수많은 사람의 목을 잘랐던 단두대나 로베스피에르의 악명 높은 공포 정치만 보아도 알 수 있지요. 이에 비한다면 우리는 그 어떤 폭력도 없이 민주주의를 달성하고, 정권 교체를 이루었습니다. 시민이 만들어 낸 역사적 성과지요. 저는 서구 중심의 세계사 서술을 넘어서 새로이 쓰여야 할 글로벌 역사에서는 우리의 경험이 부각되어야 한다고 생각합니다. 세계에서 유일무이한 경험이거든요. 미국만 해도 트럼프 대통령 당선 이후 미국의 거리 시위는 폭력과 혼란으로 얼룩졌지요.

트럼프 대통령 당선 이후 미국에서 벌어진 시위들을 보면서, 어느 미국 외교관은 한국의 시민운동가를 초대해서 시위 방식을 배워야 한다고 말했답니다. 또 일본에서는 '평화 헌법'(일본 헌법 제9조의 별칭. 평화주의를 규정해 이렇게 불리는데 군대를 가질 권리를 거부하고 있어 일본 안에서는 개정하려는 움직임이 있습니다.) 개정과 관련해 활발히 활동했던 대표 인사가 한국의 시위 방식이 궁금하다며, 2016년에 우리나라를 방문했지요. 폭력 없는 시위로 정권을 교체한 우리의 노력은 그만큼 대단했지요.

우리의 촛불 혁명은 방식이 굉장히 평화로웠다는 것 외에도, 거리에서 시민 공동체가 자발적으로 형성되었다는 점에서 정말 소중합니다. 촛불 집회에서 만난 시민들은 생면부지인 사이인데도 서로 친구로 느끼면서 가지고 온 차와 떡을 나누어 먹었습니다. 그뿐만 아니라 많은 여성, 특히 그간 이런 집회에 잘 참석하지 않았던 50, 60대 여성들이 동참해서 정치적인 문제에 대해 자신의 목소리를 냈지요. 참으로 귀중한 경험입니다. 어린이까지 포함해 가족 단위로 나온 모습도 정말 아름다운 장면이었지요.

이런 시민 참여나 집회를 에스엔에스가 매개해 주었다는 것도, 초현대적인 시민 집회의 새로운 모델을 보여 주었다고 할 수 있습니다.

저는 공대생입니다.
인문학이 중요하다는 이야기는 많이 들었지만
무엇을 어떻게 공부해야 할지 감이 안 잡힙니다.
인문학 공부를 어떻게 시작해야 할까요?

먼저 대학생이시니, 대학에 개설되어 있는 인문학 과목을 수강해 보세요. 동·서양의 철학, 역사, 문학의 이해, 사회 비평 등 무엇이든 좋습니다. 혼자서 독서만 해서는 처음에는 길을 찾기가 힘드니까요. 또 인문학을 공부하는 동아리에도 가입해 보세요. 친구들과 토론하면서 책을 읽으면, 혼자 읽을 때보다 책의 의미가 더욱 풍부해지는 것을 느낄 수 있을 거예요. 같은 내용을 여러 가지 시각으로 해석할 수 있다는 것도 알게 되지요. 그러면서 점점 나만의 관점이라는 것도 생겨나고 공부도 깊어집니다. 독서 영역도 확장되고요.

공부가 재미있으면 인문학을 복수 전공이나 부전공으로 하는 것에 과감히 도전해 보세요. 요즈음 기업에서는 인문학을 공부한 사람을 선호하기도 하니 취업에 조금 보탬이 될지도 모르지요.

대학 밖에서도 인문학 강좌를 수강할 수 있어요. 곳곳에서 여러 형태의 시민 아카데미가 생겨나고 있어서 재미난 수업을 많이 찾을 수 있을 겁니다. 대학생은 방학을 잘 활용해 보세요. 인문학 공부는 처음에는 낯설지만, 하다 보면 그 과정에서 많은 지적 희열을 느낄 수 있어요. 자신의 삶의 방향을 결정하는 데에도 도움이 될 거예요.

참고 문헌

— 김유경 「국가 권력과 대학」, 미발표 수고 2017.

— 김병호·이창세 『4차 산업혁명 교육—사람 중심으로 달라져야 할』, 책과나무 2018.

— 김학준 『러시아혁명사』, 문학과지성사 1999.

— 김희경 『이상한 정상가족—자율적 개인과 열린 공동체를 그리며』, 동아시아 2017.

— 서동욱 외 『싸우는 인문학』, 반비 2013.

— 안상희·이민화 「제4차 산업 혁명이 일자리에 미치는 영향」, 한국경영학회 제 18회 경영관련학회 통합학술대회 자료집 2016, 2044~2053.

— 얼 쇼리스 『희망의 인문학—클레멘트 코스 기적을 만들다』, 고병헌·이병곤· 임정아 옮김, 이매진 2006.

— 윤동한 「근대의 마지막 성채, 대학」, 『상허학보』 44, 상허학회 2015.

— 이광주 『대학의 역사』, 살림 2008.

— 이삼열·이정우·강원택 엮음 『한국 민주주의의 미래와 과제』, 민주화운동기념 사업회 기획, 한울 2017.

— 이일영 「대선 쟁점으로 떠오른 '4차 산업 혁명'」, 「창비주간논평」, 창비, 2017. 2. 8.

— 장아름 「대학 구조개혁 정책의 변동과정 분석—역사적 신제도주의 제도 변화 관점 적용을 중심으로」, 「교육정치학연구」, 제22집 제4호, 한국교육정치학회

2015.

— 장은주 『시민교육이 희망이다—한국 민주시민교육의 철학과 실천모델』, 피어나 2017.

— 전국국립대학교수회연합회 · 한국사립대학교수회연합회 「대선 후보께 드리는 4대 고등 교육 정책 과제 제안」, 2017.

— 조흥식 「한국 고등교육정책과 대학정책학회의 사명」, 『대학과 정책』 제1호, 대학정책학회 2017.

— 천정환 「인문학 열풍에 대한 성찰과 제언」, 『안과밖』, 창비 2015.

— 프랭크 도너휴 『최후의 교수들—영리형 대학 시대에 인문학하기』, 차익종 옮김, 일월서각 2014.

— 홍성욱 「이과-문과의 간극보다 더 심각한 '두 개의 문화들'」, 『한겨레』, 2010. 2. 9.

— 한스 피터 마르틴 외 『세계화의 덫』, 강수돌 옮김, 영림카디널 2005.

나의 대학 사용법

우리 시대, 인문학의 쓸모

초판 1쇄 발행 • 2018년 11월 9일

지은이 • 정현백
펴낸이 • 강일우
책임편집 • 김선아
조판 • 신혜원
펴낸곳 • (주)창비
등록 • 1986년 8월 5일 제85호
주소 • 10881 경기도 파주시 회동길 184
전화 • 031-955-3333
팩시밀리 • 영업 031-955-3399 편집 031-955-3400
홈페이지 • www.changbi.com
전자우편 • ya@changbi.com

정현백 ⓒ 2018
ISBN 978-89-364-5879-9 44300